KB234962

온몸으로 날 것 그대로의
아프리카와 마주하다

아까랴사 아까랴사

글·사진 박춘하

장짜

남아프리카공화국

나미비아

CONTENTS

CONTENTS

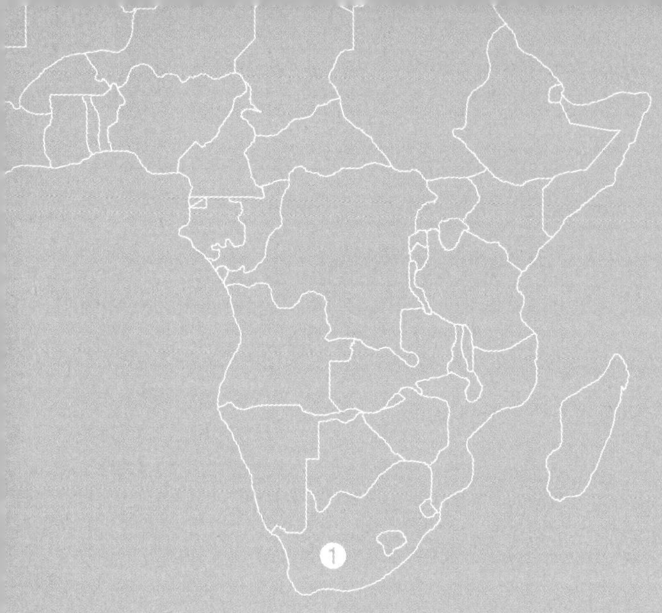

South Africa
Namibia
Botswana
Zimbabwe
Zambia
Malawi
Tanzania
Kenya

1
2
3
4
5
6
7
8

SOUTH AFRICA

다른 빛깔을 지닌 대서양과 인도양이 만나 하나로 어우러지는 모습을 내려다
본다. 희망의 이름으로 다가선 희망봉에서 나는 다시 새롭게 펼쳐질 나의 작은
일상을 꿈꾼다. 여행은 다시 새로워지는 일이다.
스무 살의 청년에게도, 쉰 살의 중년에게도 여행은 다시 새로운 꿈을 꾸게 하
고, 새로운 자아를 만나게 한다.

남아프리카공화국

스무 살의 꿈을 만나러 가다

드디어 아프리카행 비행기에 몸을 실었다. 이 순간을 얼마나 손꼽아 기다렸는지 모른다. 가슴 속에만 담아 두었던 꿈의 대륙, 아프리카로 향하고 있다는 생각만으로도 달떠 비행기 밖 풍경이 제대로 들어오지 않았다. 애써 다른 곳에 집중을 하려 해도, 결국 아프리카란 블랙홀에서 헤어 나오지 못한 채 열뜬 시간을 보내야 했다.

아프리카 여행은 평생을 두고 이루고 싶은 두 가지 소망 중 하나였다. 아직 문명의 손길이 뻗지 않은 원시의 땅 위에서 한없이 순수한 사람이 되어 마음껏 뒹굴어 보고 싶었다. 이러한 마음을 품은 것은 스무 살 때의 일이다. 그리고 어느덧 내 나이 사십대 후반이 되어 드디어 스무 살의 꿈을 만나러 간다. 물론 지금 아니면 영영 검은 대륙 아프리카로 떠날 수 없다는 절박함도 한몫 차지했다.

아프리카가 주는, 미지를 향한 막연한 동경은 누구나 갖고 있을 것이다. 브라운관에서 펼쳐지는 광활한 아프리카 모습을 바라보면 풍요로움과 태곳적부터 존재하던 원시적 생명의 역동성이 느껴진다. 물론 그 동경만으로 지금 아프리카로 향하는 것은 아니다. 외부로부터의 자유가 아닌 내 마음 스스로의 자유를 얻고 싶다는 오랜 갈망이 결국 나를 비행기에 오르게 한 것이다.

현자의 책이나 훌륭한 스승의 말씀으로부터도 자유를 얻을 수 있지만, 생생한 체험이 따르지 않는 지식은 감동을 주지 못하고 쉽게 사라진다. 온몸으로 부딪쳐서 자연스럽게 내 몸의 일부가 된 진정한 자유를 만나고 싶다. 살아 있는 하늘과 땅과 사람을 땀구멍 올올이 생생하게 피부로 느끼고, 순수한 자연의 법칙을 뜨거운 가슴으로 받아들이고 싶다. 브라운관 속에 박제된 아프리카가 아니라 날 것 그대로의 아프리카와 마주하고 싶다. 그리고 꼭 그렇게 될 것 같은 기대감이 든다. 여행을 마치고 돌아올 때 나는 좀 더 여유로워지고 편안한 사람이 되어 있을 것이다.

어디에나 고달픈 삶은 있다

새벽 네 시에 눈을 떴다. 비행기를 타고 오느라 몸이 피곤했지만 난간도 없는 좁은 2층 침대는 내게 깊은 잠을 허락하지 않았다. 비용이 저렴하기 때문에 배낭 여행자들이 주로 이용하는 숙소는 그야말로 전쟁터를 방불케 한다. 바닥이건 침대건 짐을 놓을 데가 없다. 2층 침대는 작고 난간막이도 없다. 게다가 한방에 열 명씩 잔다. 제대로 난장판이다. 바닥에는 옷가지와 빨랫감, 신발, 가방, 음료수 등이 널려 있어 짐을 어디에 놓아야 할지도 모르겠다. 발 디딜 틈이라도 남아 있는 게 다행이다 싶을 정도다.

밖으로 나와 보니 거리는 이제 막 기지개를 켠 듯 맑고 시원하다. 비행기에

내려선 나를 반겨 준 아프리카의 첫 번째 도시 케이프타운은 사실 조금 실망스
러운 모습이었다. 내가 상상하던 그런 아프리카의 느낌을 전혀 찾아볼 수 없었
다. 높은 빌딩과 쇼핑센터, 즐비한 음식점들은 아프리카가 아닌 유럽의 작고 예
쁜 도시에 온 것 같은 착각을 줄 정도다. 2010년 월드컵을 개최하는 도시답다
는 생각이 들었다.

산책을 하려고 나서는데 흑인 둘이 어슬렁거리며 숙소 앞에 있는 음식물 쓰
레기통을 뒤져 무언가 먹고 있다. 길가에 세워 둔 쓰레기통 속에서 비닐봉지를
뒤져 먹을 만한 것을 찾는 모습을 지켜보았다. 그들이 지나간 뒤에도 그들과 비

숱한 행색의 흑인들이 여럿 지나갔다. 그들 손에도 쓰레기통에서 나온 듯한 음식 비닐봉지가 들려 있었다. 여행을 오기 전 남아공의 인종문제와 정치, 경제적 환경에 대한 이야기를 들었지만, 직접 보니 흑인들의 가난이 더욱 실감이 났다. 도시는 유럽에 온 착각을 일으킬 만했지만 그 도시의 부를 누리는 건 백인들이었다.

그동안 남아공은 극심한 인종차별로 인해 세계에서 격리된 나라였다. 하지만 아파르트헤이트 제도가 폐지된 이후 여행자들이 점차 늘어나고 있다고 한다.
1994년 최초로 흑인과 백인을 합친 총선거가 실시되었고, 아프리카 민족회의
ANC가 승리하여 300년이 넘는 기간 동안 인종차별정책을 펼쳤던 백인 정권
이 종말을 맞게 된 것이다. 노벨평화상 수상자로 알려진 넬슨 만델라 의장이 대
통령이 되어 수립된 흑인 정부는 공동사회 건설을 목표로 화합을 추진하는 정
책을 펴고 있다. 하지만, 여전히 빈부의 격차는 좁혀지지 않고, 지역마다, 사람
마다 생활의 차이도 크게 난다고 한다.

사계절의 온화한 기후와 천연광물, 드넓은 자연은 남부 아프리카에서 남아공
을 가장 잘 사는 나라로 만들어 주었다. 세계적 축제와 대회가 열리고, 관광 인
프라도 잘 구축되어 있어서 아프리카의 어느 나라보다 여행하기 편한 곳임이
틀림없다. 사실 이 지구상에 빈부 격차가 없는 나라가 어디 있겠는가. 하지만
아프리카에서 맞이한 첫날 아침에 쓰레기통을 뒤지는 가난한 흑인을 만난 것은
마음을 무겁게 했다. 아름다운 해안 도시 케이프타운이 세계 살인 발생률 2위
도시라는 것을 믿기 어려운 것처럼 말이다.

아프리카 향기에 취하다

라이온 헤드에 올라 케이프타운 시내 전경을 둘러본다. 멀리 테이블 마운틴이 보인다. 남아프리카에서 가장 유명한 여행지 중 하나인 테이블 마운틴은 우리의 고정관념을 허물어 버린 산이다. 누구나 그리는 삼각형 모양의 뾰족한 산꼭대기가 없다. 이름 그대로 식탁보를 펼쳐 놓은 것처럼 산 정상이 넓은 평지다. 아주 높은 산의 허리쯤을 싹둑 잘라 버린 것 같다. 해발 1,087m의 높이로 정상 곳곳에 전망대가 있어 바다와 접해 있는 케이프타운의 경관을 다양한 각도로 감상할 수 있다고 한다. 운행 도중 360도 회전하는 케이블카를 타는 것도 색다른 재미라고 하는데, 비가 오는 바람에 케이블

카가 운행을 하지 않아 오르지 못했다.

산에서 내려와 물개섬으로 향했다. 후트 베이의 산기슭을 따라 형성되어 있는 단아한 마을 안의 항구에서 물개섬으로 가는 보트를 탔다. 파도가 높아 뱃멀미를 할까 걱정했는데, 다행히 보트는 십오 분 만에 도착했다. 얼마나 물개가 많으면 물개섬일까 기대가 되었는데, 실제의 모습은 그 이상이었다. 드넓은 바위 위에 겨울 철새 떼처럼 새카맣게 몰려 있는 물개들이 당혹스럽기까지 했다.

편편하고 널따란 바위 위에서 수많은 물개들이 느긋하게 자거나 쉬고 있었다. 거무스름하고 탄력 있는 물개의 피부가 아프리카 바다만큼이나 싱싱하고 햇빛만큼이나 강해 보였다. 덩치가 큰 수컷들은 보디빌딩을 한 남자들처럼 남성미가 넘쳐났고, 새끼들은 까무잡잡한 윤기가 흐르는 게 정말 앙증맞았다. 수백 마리의 물개들은 서로 기대거나, 머리를 포개고 누워 있거나 고개를 쳐들고 두리번거릴 뿐, 보트가 가까이 접근해도 별로 신경 쓰지 않는다. 섬 주위는 온통 잎이 넓고 큰 해초로 가득 덮여 있다. 싱싱한 해초가 해변과 바위섬 주위에 밀림처럼 우거졌다. 우리나라의 연잎으로 가득한 저수지를 연상케 했다. 팔뚝만큼 굵은 해초 사이로 먹이를 사냥하거나 장난치는 물개들도 보인다.

물개들을 실컷 구경하고 뮈젠베르크로 가는 길에 커스텐보시 국립식물원에 들렀다. 세계 10대 국립식물원 중 하나인 커스텐보시 국립식물원은 1913년 자생식물 보호를 목적으로 만들어진 최초의 국립식물원이다. 89에이커의 면적에 6,000여 종의 토착식물이 자리하고 있다고 한다. 테이블 마운틴 동쪽 능선을 등지고 서 있어 그 장엄한 배경으로도 유명하다. 안으로 들어서자마자 진한 허

브향이 코를 찌른다. 향수와는 근본적으로 다른 맑고 투명한 그러면서도 매혹적으로 진한 향이다. 조금 전 물개섬 여행으로 인한 멀미 기운이 말끔히 사라지는 듯했다. 이렇게 강하고 풍성한 향은 처음 맡아 본다. 잠깐 둘러본 곳이었는데, 그 향은 오래도록 코끝에 남았다.

인도양 쪽 바닷가 길을 따라 계속 나아갔다. 작은 항구와 아담한 마을을 지나다가 볼더스 비치에서 펭귄들을 만났다. 물개섬의 물개만큼이나 이곳에는 펭귄이 많다. 이곳의 펭귄들은 남극의 펭귄보다 작은 자카트 펭귄들이다. 하얀 모래

사장과 조그만 바위에 웅크리고 서 있는 모습이 귀엽다. 가까이 있는 펭귄을 만
져 보려 하니 오히려 물려고 덤빈다. 어떤 녀석은 졸고 있고 어떤 녀석은 서로
부비고 있고 어떤 녀석은 싸우고 있다. 가지각색이다. 흰색과 검은색만이 뒤섞
여 있다. 그 조화로움이 보기 좋다. 흑백의 조화로운 모습을 보고 있자니 불현
듯 쓰레기통을 뒤지던 흑인의 모습이 떠오른다. 펭귄들의 모습처럼 남아공의
흑백 인종 간에도 조화로운 삶이 오길 기도해 본다.

희망봉에서 쏘아 올린 희망

볼더스 비치에서 희망봉으로 가는 길은 인도양과 대서양을 가르며 대양을 향해 남쪽으로 뻗어 있다. 길가의 구릉지대 중간에는 높지 않은 산들이 있고, 산과 구릉엔 오랜 세월 동안 바랜 흰 바윗돌들이 온통 덮여 있다. 그 사이로 관목이 우거져 있다. 세찬 바닷바람을 이기지 못하고 죽은 것도 많지만 고난을 견뎌낸 잎들은 밝은 녹색으로 그 싱싱함을 빛내고 있었다. 잎의 끝부분은 주황과 노란색의 유화물감을 뒤섞어 놓은 듯 아름답다. 노랗고, 희고 붉은 꽃들도 관목과 바위틈에서 제 몫의 색을 뿜어낸다. 퇴화된 바윗돌들의 고풍스러운 흰색과 고사목의 은회색이 묵상처럼 자리한 곳에서 뿜

어져 나오는 새벽 여명 같은 보드라운 붉은빛이 감동을 준다. 모진 바람을 견뎌 낸 생명은 저리도 충일한 것일까!

희망봉은 인도양과 대서양이 만나는 곳으로 너무나 유명하다. 사실 두 대양이 만나는 곳은 이곳에서 170km 떨어진 케이프 아굴라스라고 한다. 거대한 두 대양의 해류가 충돌해 파도가 가장 센 곳이기도 하다.

희망봉에서는 인도양과 대서양의 물 빛깔이 달라 두 바닷물이 만나 몸을 부비고 섞는 모습을 볼 수 있다. 대서양이 옥빛에 가깝다면 인도양은 그보다 좀 더 푸른 에메랄드빛이랄까. 순수하고 은은하고 세련된 빛깔이다. 멀리 두 대륙의 물이 섞이는 바다의 수평선이 무게감 있게 다가온다. 바다는 처녀의 빛깔이

다. 우리 한복처럼 은은하고 기품이 있다.

희망봉, 그 이름이 좋다. 그 직설적인 원색의 이름은 마치 그곳에서 나를 기다리고 있는 어떤 희망을 만날 것 같은 기대감을 품게 한다. 아름다운 구릉과 산 빛에 대비되는 저 대양의 고독과 처음 이곳에 희망을 심었을 선구자의 외로움이 함께 느껴진다. 울컥, 눈물이 솟는 것을 억지로 참는다. 아프리카가 아닌 다른 곳에서 희망봉을 만났더라도 이러한 기분이었을까?

좀 더 넓은 바다를 보기 위해 희망봉 절벽 위에 있는 빨간 등대에 올랐다. 숨은 가쁜데 시릴 정도의 격한 바람과 싱그러운 꽃들이 가슴을 시원하게 뚫어 준다. 등대가 있는 케이프 포인트에 서니 지구가 둥글다는 말이 실감난다. 250도로 바다가 조망된다. 탁 트인 둥글고 끝없는 바다다. 가슴을 펴고 깊이 숨을 들이켜 본다. 인도양과 대서양 두 대양의 바닷바람이 가슴속으로 스며든다. 저절로 가슴이 팽창되는 기분이다.

대서양 쪽 해안가를 따라 숙소로 돌아오는 길옆에 가난한 흑인들의 집단 거주지인 타운십을 보았다. 많은 여행책자에서 타운십은 위험한 곳이라고 주의를 주었지만 이곳도 사람이 사는 곳이다. 나는 두렵지 않았다. 오히려 그들을 만나보고 싶었다. 희망봉에서의 격한 감정이 다시 살아난다. 타운십의 흑인들에게도 희망봉은 희망의 의미로 존재하는 것일까? 이곳을 통한 항로를 개척하지 않았다면 어쩌면 그들은 오랜 세월 백인의 지배를 받는 노예가 되지 않았을지도 모른다. 지구상에는 동전의 양면, 아니 다면체의 시각과 삶들이 공존한다. 여행은 어쩌면 그 시각이 가진 장벽을 허무는 일인지도 모른다.

드디어, 트럭 여행이 시작된다

드디어 아프리카 사막과 초원의 야생을 향해 출발한다. 트럭을 타고 살아 숨 쉬는 아프리카로 한 발짝 들어서는 것이다. 내가 꿈꾸며 원해 왔던 시간이고, 아프리카의 진정한 시간이다. 여덟 시에 함께 떠날 일행을 만났다. 네덜란드에서 온 자매인 카르린과 마르린, 이탈리아인 루카, 일본에서 남아공으로 유학 온 여학생 미호와 가나, 네덜란드에서 온 커플 코엔과 마리엔, 그리고 한국인 L과 나, 가이드, 요리사, 포터 이렇게 열두 명이 함께 트럭에 올라탔다. 트럭은 여행을 위해 개조한 대형차량이었다. 트럭 윗칸에 매트리스를 싣고 아랫칸에는 침낭과 텐트, 취사도구를, 그리고 뒷칸에 음식

재료와 얼음을 실었다. 긴 시간 동안 야외에서 먹고 자고 할 최소한의 도구들이 준비된 셈이다.

케이프타운에서 북쪽으로 두세 시간을 달리는 내내 낮은 구릉들을 보았다. 멀리 보이는 높은 산을 제외하고는 온통 낮은 구릉뿐이다. 목축을 위한 농경지 같다. 대부분이 목초지고 군데군데 포도와 오렌지 농장이 있다. 목초지이긴 해도 짧은 우기에 겨우 키운 듯한 풀들이 말라 있어 거친 흙처럼 보인다. 지금 이곳은 건기라 습기라고는 찾아볼 수 없다. 하지만 메마른 땅에 비해 하늘은 맑다. 군데군데 흰 구름은 손에 잡힐 듯 가깝다. 아프리카에 발을 딛는 순간 느낀 그대로 공기는 원초적이다. 습기를 머금든, 밀림의 뜨거운 풀냄새에 섞이든, 말라 있든 상관없이 언제나 깨끗하다. 인공의 냄새를 전혀 품지 않은 깨끗한 공기로 인해 콧속이 시원해지고 머리가 맑아지는 듯하다.

메마른 길을 두세 시간 달려 세더버그 마운틴에 있는 캠프장에 도착했다. 아프리카 대부분의 지역에는 사파리 드라이브 활동을 할 수 있도록 캠프장이 마련되어 있다. 사파리 드라이브는 지프차를 타고 동물들이 살고 있는 곳까지 최대한 가까이 가서 동물을 직접 볼 수 있는 활동이다.

가장 먼저 가이드로부터 텐트를 지급받았다. 텐트는 모두 낡은 것이었다. 비가 오면 샐 것 같았다. 텐트를 설치하는 교육을 받은 뒤 2인 1조로 텐트를 쳤다. 앞으로 모든 캠프장에서는 스스로 텐트를 치고 걷고, 식사를 해결해야 한다. 처음엔 모든 것이 어설프지만 아프리카에서 살아가는 시간 동안 익숙해질 것이다. 여행자인 지금의 내게는 바로 이것이 생활이다.

　　원주민의 안내를 받으며 캠프장 바로 옆 산에 올랐다. 메마른 산은 온통 검붉은 바위투성이고 그 사이에 적당한 크기의 관목이 듬성듬성 서 있다. 나무들도 습기가 없어 가지나 잎이 모두 바스락거리며 부서질 것만 같다. 가지엔 탱자나무처럼 생긴 가시가 난 것이 많았다. 잎들은 좁쌀같이 작고 하얀 솜털이 나 있었지만 물기는 느껴지지 않았다. 척박한 땅에도 동물들이 살고 있는 모양이다.

동물이 살지 않을 것 같은 바위산에서 원주민은 야생동물이 있는 곳을 용케 알고 찾아냈다. 바위를 들추면 연노랑 빛깔의 뱀이나 전갈 같은 동물들이 있다. 이런 황폐한 땅과 바위 속에도 생명이 존재하다니 경외감보다는 생명력이란 때론 그악스럽고 질기다는 생각이 든다. 죽음과 맞닿아 있기 때문인지도 모른다. 오로지 살기 위한 극점이다.

원주민은 풀과 나뭇가지를 집어 들고는 이런저런 설명을 해준다. 아마도 약용식물인 듯하다. 원주민의 말을 알아듣지는 못해도 그가 보여 주는 몸짓언어를 이해할 수 있었다. 배가 아픈 듯 배를 쓸어 보이고는 풀을 들고 먹는 시늉을 하며 배가 나았다는 듯 편안하게 배를 두드린다. 다른 약초들도 이와 같은 방식으로 설명해 줬다. 그들에게 풀과 나무는 치료약이다. 척박한 땅에 뿌리박고 살아 온 원주민들은 그들만의 전통적인 민간처방으로 치료하며 살아간다. 원주민이 주위에 흔한 나뭇잎 하나를 따서 준다. 진한 허브향이 콧속으로 스며든다. 향기로 인한 기억은 참으로 오래간다. 어쩌면 아프리카를 떠올릴 때 나는 이 진한 허브향을 먼저 떠올리게 될지도 모르겠다.

South Africa
Namibia
Botswana
Zimbabwe
Zambia
Malawi
Tanzania
Kenya

NAMIBIA

ON is LIFE
P.
RUN
RTNERS
ED AND
GH CO
est was p

나미비아는 끝이 없을 것 같은 메마른 땅으로 나를 이끌었다.

그 시간을 달리는 동안 내 안에 응어리져 있던 삶의 고단함들이

뜨거운 햇살 속에 녹아내리는 것을 느낀다.

붉은 모래 언덕 위에 누워 바라본 밤하늘은 지금까지의 하늘이 아니다.

그렇게 나는 새로운 아프리카 땅에서 새로운 하늘을 만났다.

여행은, 특별한 존재로 거듭나는 새로움이다.

나미비아

날이 밝기도 전에 일어나 텐트를 걷었다. 오렌지 강가의 캠프장까지 500~600km를 달려가야 하기 때문이다. 동틀 무렵의 희끄무레하고 불그스레한 땅을 달리는 동안 공기가 점점 뜨거워졌다. 녹일 듯 뜨거운 햇빛 속으로 끝이 없을 것 같은 메마른 땅을 달리는 순간 다시금 내가 아프리카에 와 있음을 실감한다.

한참을 달려도 모래와 산이 끝없이 펼쳐졌다. 이곳은 모래가 방대하게 펼쳐진 곳이 아니라 돌과 흙과 마른 가지가 뒹구는 그야말로 황야와 같은 길이다. 달력이나 사진에서 본 고운 모래가 부드러운 곡선을 그리며 펼쳐진 사막 사진은 그야말로 사막을 미화했다는 생각이 들 만큼 거칠다. 아무것도 살지 못할 것 같은 이곳을 달려가고 있다.

트럭 안에서 젊은이들이 일어나 춤을 추기 시작한다. 스피커에서 나오는 팝송에 맞춰 제각각 기분 내키는 대로 흔들어 댄다. 자유롭다. 무엇이든지 남의 시선을 의식하지 않고 자기 하고 싶은 대로 즐길 수 있는 자유를 만끽하고 있다. 내 안의 무엇이 조금씩 다독여지는 것 같다. 사라지지 않았던 응어리가 이곳에서 조금씩 녹아드는 것을 느낀다. 이 응어리가 무엇인지 정확히 알 수 없지만 이것을 녹여야 그다음 펼쳐질 나의 인생에 열중할 수 있을 것이다. 그것이 지금 내가 이곳에 와 있는 이유이리라!

오후 네 시쯤 캠프장에 도착했다. 캠프장에 도착하면 제일 먼저 텐트를 쳐야 한다. 텐트를 치자마자 네덜란드 친구들과 강으로 뛰어들었다. 강의 폭이 그리 넓지는 않지만 꽤 깊다. 갑자기 어디선가 나타난 악어가 조심스레, 그러나 먹이를 놓치지 않으려고 잽싸게 머리를 쳐들었다. 깜짝 놀란 나는 어눌하게 물었다. 〈Isn't crocodile?〉 그는 〈That is big one.〉 하며 깔깔 웃는다. 70m 정도를 헤엄쳐서 강을 건너가니 먼저 도착한 요리사 제프가 나를 보고 소리친다. 〈미스터 박, 웰컴 나미비아!〉

내가 지금 헤엄치는 오렌지 강을 사이에 두고 나미비아와 남아공이 마주하고 있다. 마음대로 오갈 수 있는 국경선이 싱겁기 그지없다. 다음 날 나미비아 국경에서 입국 수속절차를 밟고 나미비아로 들어섰다. 그리고 나미비아의 첫 목

적지인 피시 리버 캐니언을 향해 달려갔다. 나미비아로 들어갈수록 나무와 풀은 보이지 않고 더욱 메마른 땅만 펼쳐진다. 사막의 나라 나미비아다운 풍경이다.

나미비아는 남아공과 남서쪽으로 국경을 접하고 있는 신생독립국가다. 1년 365일 중 300일이 뜨거운 나라라고 한다. 1990년에 독립한 나미비아는 우리나라보다 네 배 정도 큰 면적을 갖고 있으며 인구는 200만 명 정도의 평화로운 나라다. 나미비아의 수도 빈트후크는 독일의 한 도시에 와 있는 착각이 들 정도로 빌딩이나 주택, 도로 시설이 잘 발달되어 있다고 한다. 독일의 강점기를 거친 탓일 것이다.

세계에서 두 번째로 큰 161km의 장엄한 피시 리버 캐니언으로 갔다. 정말로 어마어마하게 크고 긴 협곡이다. 사막 속에 또 다른 장관이 우뚝 솟아 있는 것 같다. 아프리카에도 피시 리버 캐니언과 같은 곳은 어디에도 없다고 한다. 수천 년 동안 이 협곡을 형성해 왔다고 하니 인간의 역사로는 도저히 만들 수 없는, 자연의 역사만이 만들어 낼 수 있는 장관이다.

메마른 땅을 거대한 포클레인이 깊고 거칠게 끊어 놓은 것 같다. 이 메마른 땅에 어떤 물이 있어 흙을 깎아 내고 저렇게 깊고 큰 협곡을 만들 수 있었을까 감탄이 절로 나온다. 어쩌면 피시 리버 캐니언은 물이 만들어 놓은 협곡이 아니라 시간이 만들어 놓은 협곡일지도 모른다는 생각이 들었다. 해질녘 피시 리버 캐니언은 스펙트럼처럼 계곡의 음영을 따라 아름다운 색채의 향연을 펼쳤다. 장엄한 협곡 위로 붉게 넘어가는 태양과 계곡 아래에서 시원하게 치고 올라오는 바람이 어떤 결기에 젖게 한다. 마치 전쟁에 출정하는 용사가 된 기분이다.

황야의 휘파람 소리

평평하고 지루하기 짝이 없어 보이는 사막은 끝이 없다. 비포장도로를 몇 시간씩 달리는 동안 마주 오는 차도 뒤따라오는 차도 없다. 그저 우리를 태운 트럭만 혼자서 흙먼지를 날리며 지평선 속으로 달려가고 있다. 저 멀리 우뚝 솟아 있던 산들도 더 이상 보이지 않는다. 끝없는 지평선뿐이다. 마른 땅엔 인간의 흔적은 없고, 작은 나무와 풀이 겨우 목숨을 붙이고 있다. 물 한 방울 보이지 않는 이 넓은 대지 위에서 스프링복, 기린, 자칼, 타조 등의 동물을 만난다는 게 신기할 뿐이다.

메마름과 광활함뿐인 길 위에서 『황야의 무법자』가 떠오른다. 클린트 이스트

우드가 시가를 물고 냉소적인 표정으로 말을 타며 등장하면 멀리서 울려 퍼지던 휘파람 소리. 기타 리듬에 실린 휘파람 소리는 거칠고 쓸쓸한 황야를 오래도록 잊을 수 없게 했다. 지금 내 귀엔 그 휘파람 소리가 끝없이 맴돈다. 모래, 모래, 모래, 뜨거운 사막.

끝없는 황무지를 시간의 흐름도 잊은 채 헤매며 달려 사막 한가운데 위치한 캠프장에 도착했다. 여기도 역시 매우 뜨겁다! 모래바람! 모래먼지! 이글거리는 태양! 어디로든 숨고 싶을 만큼 숨 막히게 뜨겁다. 중동 사막에 사는 사람들이 왜 얼굴을 가리는지 알 것 같다. 캠프장 주위에 나무가 몇 그루 흩어져 있지만 그나마도 잎이 무성하지 않아 그늘이 되지 못한다. 세차게 몰아치는 뜨거운 모래바람은 쳐놓은 텐트를 사정없이 무너뜨리기까지 했다.

오후 다섯 시가 넘어서자 뜨거운 햇볕이 조금 누그러졌다. 우리는 캠프장을 나와 세스리엠 캐니언으로 갔다. 세스리엠 캐니언은 피시 리버 캐니언과 달리 좁은 협곡이다. 협곡 아래로 내려가 본다. 협곡 아래는 서늘하다. 아래에서 올려다본 협곡선은 하늘과 어우러져 위에서 내려다볼 때와는 다른 느낌을 준다. 무엇이든 보는 각도에 따라 다른 의미가 된다. 우리의 삶도 가끔 내려서거나 옆으로 비껴서 바라보는 시간이 필요한지도 모른다.

모래언덕에 남긴 나의 발자국

새벽에 눈을 뜬다. 아직 밖은 깜깜하다. 캠핑장에서 약 20km 가니 사진으로만 보던 사막의 모래언덕이 펼쳐진다. 세계적으로 유명한 소수스플라이다. 붉고 고운 모래가 쌓여 아름답게 봉긋 솟아 있다. 그 부드러운 곡선은 여인의 목에서 등을 타고 엉덩이 선까지 내려오는 곡선, 심해를 헤엄쳐 나가는 고래의 등, 한복의 고운 치맛자락의 흔들림이나 소매의 둥근 선 등을 닮았다.

모래언덕은 작은 동산만 한데 바람에 따라 모래언덕 위치가 조금씩 옮겨 간다. 늘 바람에 따라 움직이는 모래 때문에 사막의 곡선은 일 년 내내 다른 모습

이라고 한다. 모래 등선을 따라 올라가는데 멀리서 서광이 밝아온다. 아침 햇살에 비친 모래언덕의 오묘한 붉은빛과 아직 빛을 받지 않은 어두운 부분이 선명한 대비를 이룬다. 어제까지 황폐하게만 보이던 사막이 오늘은 이렇게 아름다운 그림을 만들어 내다니 자연은 참으로 위대하다. 오전 내내 사막을 걸었다. 발은 모래 아래로 꺼질 듯 꺼질 듯 발자국을 남긴다. 발자국은 온전하지 않다. 발을 떼는 순간 모래가 다시 부스스 자국을 허문다.

가이드는 계절적인 서풍과 동풍으로 모래언덕이 옮겨 다니는 과정과 나침반이 없이도 방향을 알 수 있는 방법 등을 알려 주었다. 또한 도마뱀이나 작은 벌

레를 모래 속에서 잡아 보여 주고, 모래에 찍힌 각종 동물과 곤충들의 발자국을 보고 구별하는 법도 알려 줬다. 나는 내가 걸어 온, 모래언덕에 찍혔을, 그러나 지워졌을 발자국을 바라본다. 사막에서 자신의 존재를 증명하려 하지 마라. 몸의 기억만이 한때 그 모래언덕을 지나왔다는 것을 기억할 것이다. 세월에 풍화돼 한껏 가벼워진 붉은 모래언덕과 무거운 흰 모래의 바닥층이 분리되어 있는 곳을 바라보았다. 아프리카에서는 내 몸도 영혼도 붉은 모래처럼 한껏 가벼워질 것이다.

남아공의 케이프타운 이후 일주일 넘는 시간 동안 메마르고 건조한 모래와

54

암석으로 된 사막 지형만을 달려온 셈이었다. 하루에 평균 350~400km 정도를 달려왔다. 어딜 가나 광활한 대지가 끝없이 펼쳐져 있고, 넓디넓은 땅에는 나무와 풀이 듬성듬성 있을 뿐 사람이란 찾아볼 수 없었다.

　모래먼지를 쓰고 한없이 달려오는 동안 가슴의 어떤 응어리 같은 것이 풀어져 버린 것 같다. 나의 존재 가치를 알고 만족할 수 있다면, 다른 그 어떤 것에 대한 미련도 존재하지 않는다면 그것이 바로 내가 만나고자 했던 진정한 자유일 것이다. 좀 더 몸으로 느끼고 부딪히자. 그래야 진정 자유의 땅에 안착할 수 있으리라.

사막의 폭주족이 되다

메마른 모래평원을 지나 대서양 옆에 위치한 나미비아 제2의 도시 웰비스 베이에 도착했다. 도시 전체가 그리 커 보이지는 않는다. 온통 모래먼지에 덮여 뿌옇게 보였다. 우리나라의 황사 심한 어느 봄날보다 훨씬 심한 모래먼지다. 눈을 뜨기가 힘들 정도다. 모래먼지 속으로 멀리 항구에 정박한 큰 배가 보인다. 이 나라의 무역은 주로 이곳 항구를 통해서 이루어지는 모양이었다.잠깐 멈춰 서서 구경만 하고 곧바로 차를 몰아 스와코문트에 도착했다. 스와코문트는 대서양 해변 쪽에 자리 잡은 예쁘고 아담한 휴양도시다. 우리나라 시골 읍만 한 크기다. 스카이다이빙, 사막보드, 사륜바이크,

낚시, 돌고래 탐험 등을 즐길 수 있는 곳이다. 최근 유명한 할리우드 배우 부부인 안젤리나 졸리와 브래드 피트가 이곳에서 휴양을 즐겼고, 흑인 아이를 양자로 맞이했다. 마을 사람들은 이 사실을 자랑삼아 말한다. 나미비아를 거쳐 가는 대부분의 여행자들도 여기에 잠시 들러 휴식을 취한다. 우리도 이곳에선 텐트가 아닌 여행자 숙소에서 머물며 오랜만에 편안하고 달콤한 잠을 이뤘다.

　다음 날 오후에는 사막용 사륜 오토바이를 타고 모래 위를 달리는 쿼드바이킹을 즐겼다. 이삼십 명의 가이드가 예닐곱 명의 여행자들로 이루어진 자신의 조를 이끌고 사막으로 나선다. 일렬로 모래언덕을 빠른 속도로 타 넘어 다니는 사륜 오토바이의 행렬은 보는 것으로도 충분한 스릴을 느끼게 한다. 멀리서 보

면 넓은 모래밭에 있는 수많은 뱀들이 잽싸게 달아나는 것 같다. 경사진 모래언덕을 넘기 위해선 미리 사륜 오토바이의 속도를 최대한 올려서 올라간 다음 급경사를 타고 빠르게 내려와야 한다. 정말로 바이킹을 타는 기분이다. 아니 폭주족이라도 된 듯했다. 겁이 나서 오토바이 속도를 올리지 못하는 사람들은 언덕을 넘지 못하고 중간에 멈춰 버리기도 한다. 끝없는 사막언덕을 넘어 다니는 동안 나는 스무 살의 패기 넘치는 청년이 되어 있었다.

사막에 누워 별을 헤다

가이드인 매트가 오늘은 텐트 안이 아닌 모
래 위에서 매트리스만 깔고 잠을 자보라고 권한다. 독사가 있긴 하지만 사람이
많이 다니는 캠프장에는 오지 않는다며 말이다. 모두 텐트 밖으로 나와 매트리
스 한 장과 침낭을 깔고 잠을 청한다. 모래 위에 누워 하늘을 쳐다보았다. 사막
의 밤하늘은 큰 구를 반쪽으로 잘라 덮어 놓은 돔 같다. 탁 트인 넓은 하늘에 무
수히, 촘촘히 박힌 별들이 밝게 빛났다. 이런 사막에서 밤을 지새우기를 얼마나
소원했는지. 내가 그토록 그리워했던 사막의 밤이다. 낙타를 타고 사막을 지나
던 아라비아의 상인이 된 듯한 기분이다.

생텍쥐페리의 「어린왕자」가 생각난다. 어린왕자와 주인공이 샘을 찾아 넓은 사막을 걸어갈 때 어린왕자가 말했다. 〈사막이 아름다운 것은 그것이 어딘가에 샘을 감추고 있기 때문이지.〉

이렇게 아름다운 별을 보는 밤, 모래가 시간에 따라 움직이며 만들어 내는 곡선, 서늘한 밤공기. 어린왕자가 여우에게 묻던 말도 생각이 난다.

〈길들인다는 게 무슨 뜻이죠?〉

〈그건 관계를 맺는다는 의미야.〉

어린왕자가 여우에게 다시 묻는다.

〈관계를 맺는다고요?〉

〈바로 그거야. 나에게 넌 수많은 다른 아이들과 다를 바가 없는 어린아이일 뿐이야. 하지만 네가 나를 길들인다면 우린 서로를 필요로 하게 되고 넌 나에게 세상에서 유일한 존재가 될 거야. 난 너에게 세상에서 유일한 존재가 될 것이고.〉

아프리카 여행을 통해 많은 여행자들과 만나고 관계를 맺었다. 사회적 관계가 아니라 여행의 즐거움을 함께 나눈 사람들이다. 하지만 그들과는 길들이는 관계가 아니다. 이 여행에서 나를 길들이고 관계 맺은 것은 사람이 아닌 아프리카의 자연이다. 이 밤 나는 사막 위에 누워 밤하늘의 별을 보며 아프리카와 관계를 맺고 있다. 내가 아프리카를 떠나도 내게 아프리카는 세상에서 유일한 존재로 남을 것이다.

힘바 부족의 여인들

사막은 끝없이 이어졌지만 지금까지와는 다른 풍경이었다. 그동안은 아주 작고 거친 잡목뿐이었지만 지금은 듬성듬성하긴 해도 제법 큰 나무들이 있고, 군데군데 토착민들의 집도 보인다. 흐르는 강이나 냇물은 보이지 않지만 사람들이 사는 걸 보니 어떻게든 물을 구할 수 있는 것 같았다. 우리는 전통적인 생활방식으로 살아가는 힘바 원주민이 장사하는 길거리 가게에 잠시 들렀다. 원주민이랑 함께 사진을 찍는 데 돈을 조금 주어야 했다. 왠지 좀 씁쓸하다.

힘바 캠프장에 도착해 뜨거운 햇살을 피해 그늘에서 잠시 쉰 뒤 우리는 힘바 부족의 전통 생활 모습을 보기 위해 힘바 마을을 방문했다. 힘바 마을은 넓은 길에서 한참 떨어진 숲속에 자리 잡고 있었다. 힘바 부족은 아프리카에서도 가장 전통적인 방식으로 생활하고 있는 부족이다. 반 유목민족인데 남자들은 가축들에게 먹일 목초지를 찾아 집을 비우는 경우가 많다고 한다. 마을 입구에 들어서자마자 아이들이 몰려와 에워싼다. 모두 옷을 입고 있지 않았다. 대신 나무나 짐승의 뿔로 만든 목걸이나 허리띠를 둘렀다. 모든 힘바 여인들은 아래만 가죽 천으로 겨우 가리고 상의는 입지 않았다. 가슴을 드러낸 채 구리나 철로 만든 무겁고 둥근 목걸이를 목에 걸고 있다. 검붉은 피부가 반짝거릴 만큼 윤기 있어 보인다.

마을에서 만난 아가씨 셋이 그늘에 둘러앉아 돌을 갈고 있다. 힘바 부족은 돌을 갈아 만든 붉은 가루로 마사지를 한단다. 흙 마사지를 두텁고 진하게 하고 있어 검은 피부색이 붉은색으로 보일 정도다. 땋은 머리에도 붉은 흙과 기름을 섞어 두껍게 바르고 몸에도 바르는데, 그렇게 하면 몸을 보호하고 냄새 때문에 벌레들도 물지 않는다고 한다. 아프리카 주민들의 사진 중에서 가슴을 드러내 놓고 머리와 몸에 붉은 가루를 바른 여인을 본다면 그들이 바로 힘바 부족 여인이다. 가슴이 늘어진, 내 또래로 보이는 여인에게 몇 살인지 물었더니, 서른한 살이라고 했다. 놀랐다. 힘바 부족의 여인들은 내가 짐작한 나이보다 열 살에서 스무 살쯤 더 어렸다. 아마도 일찍 결혼해서 애를 낳고, 일찍 늙는 것 같다.

드러내 놓은 가슴이 보는 사람으로 하여금 민망하다는 느낌을 갖게 하지 않는다. 우리가 손발을 드러내 놓고 다니듯, 그들은 몸의 일부를 드러내 놓고 다

닐 뿐이다. 원시적 건강한 생명력이 느껴진다. 우리의 먼 조상들도 그랬을 것이다. 문명과 함께 몸을 가리고, 몸을 가림으로써 은밀해졌다. 그리고 욕심이 생기고 경쟁을 하고 비교하게 된 것이다.

이엉으로 지붕을 얹은 한 평 크기 정도의 조그마한 집들이 마당을 중심으로 둥글게 모여 있다. 한 사람 정도 들어갈 수 있는 입구는 문 대신 나뭇가지로 가려 놓았다. 또 나뭇가지를 엮어 벽을 세운 뒤에 흙을 바르고 지붕은 풀로 된 이엉을 얹었다. 바닥이나 벽은 풀도 깔지 않았다. 가구도 옷도 없다. 벽에는 사냥에 필요한 것인지 여벌인지 가죽 옷 하나가 걸려 있을 뿐이다. 또 다른 집 안 역

시 옷 두세 벌, 큰 물통 한두 개, 그릇 두세 개가 살림의 전부다. 이 좁은 흙집
에서 줄줄이 많은 아이들을 키우며 살고 있다. 너무 좁다는 생각이 들었지만 넓
으면 밤의 추위를 피하기 어려울 것 같았다. 이 작은 집이 옷을 걸치지 않는 힘
바 부족에게는 딱 맞는 크기의 집인 것이다. 무엇이든 내 잣대로만 재려하지 말
아야 한다.

집으로 둘러싼 넓은 마당에는 아이들이 모여 놀고 있다. 마당 한곳에는 나무
울타리가 둥글게 세워져 있다. 양들이 자는 곳이라고 하는데 전혀 불편함이 없
어 보인다. 가이드 말에 의하면 이들은 물빨래를 하지 않고 대신 연기 훈증을

한다고 한다. 물을 구하려면 물동이를 이고 몇 시간을 걸어가 물을 구해 와야 한다고 했다. 훈증은 물 대용이긴 하지만 훌륭한 살균작용을 한다. 몇 가지 약초와 물품으로 훈증하는 법을 보여 줬다. 힘바 부족에게서 무위의 삶을 배운다.

이곳은 어른에 비해 아이들이 많다. 아이들의 표정은 어딜 가나 밝다. 힘바 부족의 삶은 짐승과 다를 바 없다. 인간은 당연히 짐승이었다. 지금도 짐승이다. 인간이 짐승이 아닌 척 거리를 두었을 뿐이다. 거리를 두자 욕망이 생겼고 경쟁을 하게 되었다. 힘바 부족은 치열한 삶을 살거나 더 많은 부를 누리기 위해 뛰지도 않는다. 그날그날을 자족하며 산다. 진정한 자유란 이런 것이 아닐까. 더 원시적으로 돌아가야 느낄 수 있는 것.

잠결에 사자 울음소리를 듣다

드디어 동물의 왕국이라 불리는 에토샤 국립
공원으로 갔다. 에토샤 국립공원 입구에서부터 트럭을 타고 곧바로 야생동물을
찾아다니는 사파리를 했다. 트럭 운전사는 천천히 여기저기 돌아다니며 가까이
서 동물들을 관찰하고 사진을 찍게 해주었다. 스프링복, 타조, 얼룩말, 기린이
많이 보였다. 스프링복은 가젤, 임팔라와 생김새가 거의 비슷하다. 이곳 나미
비아 사막 지형의 어디에서나 만나는 야생동물이다. 저녁 메뉴로도 등장한다.
마켓에서 스프링복을 잘라 팩에 담아 파는 것을 보기도 했다. 한 시간 반 정도
게임드라이브를 하면서 국립공원 안에 있는 캠프장으로 갔다. 사람이 머무는

캠프장 주위로 전기 울타리가 설치되어 있어 안전하다. 동물의 나라 한가운데 사람의 우리가 있는 셈이다. 동물들이 가끔 어슬렁거리며 우리를 구경한다.

이곳 에토샤 국립공원은 건조지대라서 동물을 위해 일부러 물웅덩이를 군데 군데 만들어 놓았는데, 웅덩이를 찾아가면 어렵지 않게 야생동물을 볼 수 있다. 저녁 식사 시간에 보니, 자칼이 내 옆과 텐트 주위를 겁도 없이 계속 어슬렁거리고 있고 잔디밭에는 멧돼지가 풀을 뜯고 있었다. 밤에 다니는 동물들을 보려고 물웅덩이로 갔다. 소리가 나지 않게 조용히 물웅덩이로 다가가니 코뿔소와 사자만이 물가에 앉아 있고, 다른 동물들은 사자 때문에 감히 물가에 접근을 하지 못하고 있다. 겁 많은 기린과 얼룩말이 저 멀리서 물끄러미 이쪽을 보면서 가만히 서 있다. 코뿔소만이 사자를 겁내지 않는다. 밤에 자려고 텐트에 누웠는데 멀리서 굵고 탁한 사자 울음소리가 들린다. 아프리카가 아니고서는 꿈도 못꿀 상황이다. 맹수의 울음소리를 지척에 두고도 잠은 잘 왔다.

다음 날 에토샤 국립공원 내의 다른 캠프장으로 옮겨 가며 사파리를 즐겼다. 참 다양한 많은 동물을 보았다. 코끼리, 기린, 누 떼, 얼룩말 떼, 오릭스, 자칼, 스네이크 버드, 타조, 스프링복, 멧돼지 등등. 동물들은 어딜 가도 널려 있다. 그중에서도 스프링복과 얼룩말 무리가 가장 많다. 하지만 맹수 종류는 잘 만날 수가 없었다. 오후에 다시 나가 사자를 찾았으나 실패했다. 이제 다들 흔히 보는 동물에는 호기심을 잃고 시큰둥한 표정이 되었다. 캠프장에서도 멧돼지, 몽구스와 자칼이 우리 텐트 주위에서 이리저리 어슬렁거리고 있지만 아무도 신경 쓰지 않는다. 가이드가 야생동물들에게 먹이를 주지 말라고 주의를 주었다. 이

것이 아프리카의 법칙이란다. 내 의자 밑으로 기어가는 몽구스를 보니 코끝에 케첩이 묻어 있다. 어디서 빈 그릇을 핥은 모양이다.

끝없는 평원 저 멀리에 점점이 떠 있는 누 떼, 그리고 수많은 무리의 얼룩말 떼, 여기저기 흩어져 있는 스프링복, 간간히 나타나는 기린, 코끼리, 타조, 끝없는 모래, 메마른 초원, 끝없는 잡목 숲. 이것이 에토샤 국립공원의 모습이다!

코방고의 작은 학교에서 만난 아이들

룬두는 나미비아 북쪽지역에 위치한 곳으로 보츠와나와 앙골라 국경과 가까운 곳이다. 국경이 가까워질수록 평원에는 사람이 살 수 있을 정도로 나무와 풀이 자라고 있고 나뭇잎도 무성하다. 사막을 이제야 벗어나는 듯한 느낌이다. 지나가는 도로 양쪽 옆에도 아프리카의 전통 가옥이 있다. 룬두에 도착하니 대형 슈퍼마켓이 몇 개 보이고, 자가용을 가지고 있는 흑인들도 심심찮게 보인다.

50~70m 폭의 코방고 강가에 있는 캠프장에 도착했다. 강 건너가 앙골라 땅이란다. 강 건너는 초지이고 소 떼가 무리 지어 방목되고 있다. 오후에 갑자기

폭우가 쏟아졌다. 비는 느닷없이 왔다. 느닷없는 만큼 반가운 비였다. 가이드인 매트가 쏟아지는 비를 온몸으로 맞으며 〈웰컴, 아프리카!〉 하고 외쳐 댔다. 손에 들고 있는 맥주병에 비가 들어가든 말든 신경 쓰지 않는다. 눈만 오면 밖으로 나가 뛰놀던 나의 어린 시절이 생각났다. 남아공 사람인 마티즈도, 제프도 기분 좋은 모양이다. 그들뿐만 아니라 뜨거운 태양을 이고 사막을 건너온 우리 모두에게도 비는 멋진 선물이었다. 우리는 모두 비를 맞았고, 오랫동안 모래 속으로 스며드는 빗소리를 들었다. 맑고 상쾌한 기분이다. 지금부터 이곳은 우기에 접어든다고 한다.

다음 날은 언제 비가 왔냐는 듯 날이 맑았다. 코방고 강가는 농토가 비옥하고 강물이 있어서 살기 좋은 곳이다. 강변의 촉촉한 모래땅과 적당히 우거진 숲이 우리나라 강가와 닮았다. 그래서 더 친근하고 푸근한 마음이 드는지도 모르겠다.

마을의 학교에 들렀다. 학생은 모두 육백 명 정도 된다고 했다. 선생님으로부터 학교 운영상황을 들었다. 선생님은 이곳 출신의 미혼 흑인 여성인데 첫인상

이 참 좋았다. 육백여 명 학생에 선생님은 열다섯 명뿐이다. 그런데도 불우한 가정의 탁아소 기능까지 하는 것 같았다. 학교 일이 만만치 않을 텐데 교사들의 사명감과 자부심 그리고 정열이 고스란히 느껴졌다. 선생님은 학교 운영자금 마련을 위해 우리에게 학생들이 만든 학예품을 내놓았다. 나는 조그만 목각 코끼리를 샀다. 소박한 것이었다. 밖에서 보단 훨씬 비싸지만 모두들 기쁘게 선생

님이 내놓은 학예품을 샀다. 교실에서 학생들이 우리를 환영하는 노래를 불러 주었다. 악기 반주도 없이 부른 노래였지만 놀랄 만큼 아름다운 목소리였다. 아프리카인 특유의 음색이 아이들에게서도 느껴졌다. 야생의 원시성과 태양이 만들어 낸 음색이었다. 마을을 떠나온 뒤에도 아이들의 노랫소리가 오래도록 귀에 맴돌았다.

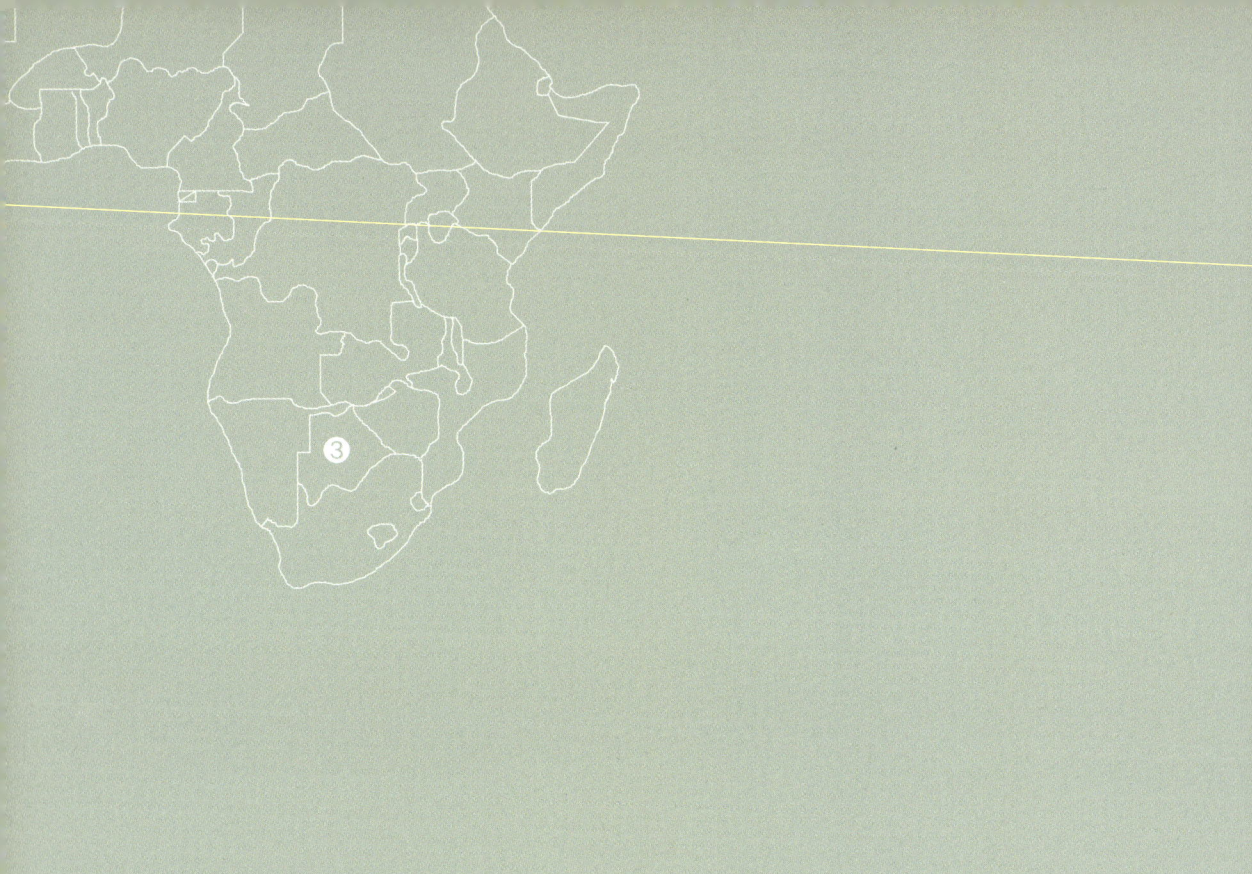

South Africa
Namibia
Botswana
Zimbabwe
Zambia
Malawi
Tanzania
Kenya
1
2
3
4
5
6
7
8

BOTSWANA

파피루스가 우거진 늪지대를 헤쳐지나

그 한가운데에 존재하는 야생동물들의 천국 속으로 들어갔다.

야생동물을 보기 위해 시작된 먼 여행.

그들의 모습을 통해 무엇을 발견하고 싶었던 것일까.

약육강식의 냉엄한 세계에 이미 속해 있었던 나는 그 모습을 보기 위해 먼 길을

달려와 그들과 살아가는 이곳 사람들의 모습 속에서 자족의 의미를 발견한다.

OK 409

보츠와나

악어와 하마들의 천국, 오카방고 델타

새벽에 또다시 비가 쏟아졌다. 텐트와 판초 우의를 흔드는 바람소리에 잠이 깼다. 서둘러 텐트 문을 닫고 다시 잠을 청했지만 잠이 오지 않았다. 아프리카에서 조그만 텐트에 누워 비바람이 몰아치는 소리를 듣는 것도 꽤 괜찮은 경험이라고 위안 삼는다.

보츠와나의 오카방고 델타로 향했다. 국경을 넘어서니 사막의 나라 나미비아를 벗어난 게 실감이 났다. 푸른 나무와 풀로 가득 찬 땅이 반겨 준다. 보츠와나는 1966년 영국령에서 독립했다. 독립 후에 세계에서 다이아몬드 매장량이 가장 많은 광산을 세 곳이나 발견해 행운을 얻은 나라이기도 하다. 인구가 집중되어 있는 동부지역을 제외하고 대개 길이 없는 황량한 사바나, 사막, 습지대, 염전으로 이루어져 있다.

오카방고 델타는 오카방고 강이 흘러오다가 이곳에서 여러 갈래의 물줄기로 넓게 퍼지면서 어마어마한 넓이의 늪지대가 형성되어 있는 국립공원이다. 일반적으로는 작은 물줄기가 모여 큰 강을 이루는데 이곳은 그 반대로 큰 오카방고 강이 흘러오다가 수많은 물줄기로 갈라져 늪지대로 스며든다. 늪이라기보다는 초원 같다. 이곳 늪지대는 특히 악어와 하마의 천국이며 아프리카 빅 파이브 동물인 사자, 코끼리, 표범, 버펄로, 코뿔소들이 모두 살고 있다고 한다.

우리는 트럭에서 내려, 각자 작은 배낭에 삼 일간의 옷과 5L의 물, 슬리핑백만 챙겨 델타행 보트를 탔다. 보트 속도가 상당히 빨랐다. 풀숲과 여러 갈래의 물줄기가 엉켜 있는 끝도 없는 늪지대였다. 늪에 들어서자 내가 있는 곳이 어디인지 도무지 가늠이 되질 않았다. 물줄기의 양옆은 사람 키의 두세 배 되는 파피루스에 막혀 방향을 구분할 수 없었다. 늪의 요새에 갇힌 기분이었다. 수많은 수로가 엉켜 있고 파피루스는 시야를 차단시켰다. 어떻게 길을 찾아가는지 알 수 없었다. 수로의 폭은 넓지 않았지만 수량이 풍부해 온갖 종류의 열대어와 악어, 하마가 살기에는 안성맞춤인 것 같다. 가는 도중에 하마와 악어를 보았다. 넓은 지형에 비해 다양한 동물들을 만나기란 쉽지 않았다. 넓은 늪지대 안에 있는 엠 비로바 캠프장에 도착했다. 이곳이 어디쯤인지 지도로 짚어 주기 전까지는 알 수 없었다. 넓은 오카방고 델타의 늪지대 안에도 사람이 사는 땅이 있다.

다음 날 아침 모코로를 타고 부시 캠프장으로 향했다. 모코로는 큰 통나무의

속을 파내어 만든 아프리카의 전통적인 작은 배인데 긴 장대로 바닥을 밀면서 나간다. 모코로 한 대에 일행이 둘씩 타고, 모든 텐트와 식기를 몇 대의 모코로에 나눠 실었다.

늪 속에는 모코로가 안성맞춤이다. 물풀이나 작은 물줄기 때문에 모터보트로는 다니기 힘들겠다는 생각이 들었다. 선두로 가는 모코로에 경험이 많은 노련한 사공이 길을 잡고 그 뒤를 줄지어 따라갔다. 늪은 새들의 천국이다. 모코로가 지나갈 때마다 새들이 끊임없이 풀숲에서 날아올랐다. 새들에게 숨을 수 있

는 쉼터와 좋은 먹잇감을 제공하기에는 늪이 최고다. 늪을 헤치고 한두 시간 정도 가다 보니 커다란 나무 세 그루가 풀밭에 서 있다. 늪 가운데 있는 큰 섬이다. 오늘의 캠프장이다. 화장실이 따로 없다. 함께 온 아프리카인이 작은 나무숲 뒤에 여자용과 남자용 구덩이를 파고는 화장실로 사용하라고 알려 주었다.

오후에 다시 모코로를 타고 동물들을 보기 위해서 나섰다. 얼마 가지 않아 갑자기 우리 앞에 하마 한 마리가 〈푸우〉 하는 숨소리와 함께 머리를 내밀었다. 하마를 구경하라고 배가 멈춰 있는 줄 알았는데 한참을 기다려도 갈 생각을 하지 않는다. 하마가 워낙 위험해서 좁은 수로를 지나갈 수가 없다는 것이다. 하마가 무서운 동물인지 미처 몰랐다. 늪 깊숙이 와서 겨우 하마 한 마리만 보고 캠프장으로 돌아서는 불상사가 벌어졌다. 이곳 주민들로 구성된 모코로 가이드들이 악어는 오히려 무서워하지 않지만 하마에 대해서는 겁을 냈다. 그들 말로는 하마는 매우 위험한 동물이라고 한다. 그들의 설명에 의하면 인명 사고도 심심찮게 일어난 모양이다.

다음 날 오전에는 걸어서 동물을 찾아 나섰다. 캠프장 주변의 늪지대는 어마어마하게 넓은 초원인데다가 껑충하게 자란 풀 때문에 동물을 찾기가 쉽지 않았다. 사슴 종류와 얼룩말 무리는 자주 보이는데 맹수들은 보이질 않는다. 다양한 동물들이 서식하는 곳이고 여러 동물들의 배설물이 보였지만, 우리에게는 그들을 직접 볼 수 있는 행운이 따라 주지 않았다. 동물을 찾아 나설 때는 설레었지만 동물의 왕이라고 할 수 있는 맹수들을 보지 못한 채 돌아올 때는 무언가 채워지지 않는 허기처럼 갈증이 났다.

현지 토착민의 집을 찾아가다

가이드 마티어스와 마을을 방문했다. 모두 여행을 같이 온 일행이 있었는데, 나만 혼자여서 그랬는지 나는 가이드 마티어스와 쉽게 친해졌다. 마티어스는 나를 친구라고 불렀다. 마티어스는 스물두 살이다. 내 아들 또래라고 말해 줬지만 그래도 그는 나를 베스트 프렌드라고 했다. 마티어스는 틈만 나면 나를 찾았다. 사람 사는 모습은 가지각색이지만 서로의 마음을 주고받는 것은 다 같다는 생각이 들었다.

마티어스는 정식 가이드는 아니고, 아르바이트로 일하는 중이라고 했다. 정식 직원인 백인들을 좀 어려워하는 듯했다. 하지만 나름대로의 객관적인 시각을 갖고 흑인과 백인의 문제를 잘 이해하고 있었다. 마티어스는 마음이 따뜻하고 재미있는 친구였지만, 아직 약속의 중요함을 모르는 것 같았다. 무슨 약속이든 잘되면 좋고 안 되면 어쩔 수 없다는 식이다. 아프리카인들은 시간, 특히 미래의 시간에 대한 개념이 별로 없다는 말을 들은 적이 있다. 앞을 내다보고 무언가를 계획해서 살기보다는 그날그날 편하고 무사하게 살면 된다는 생각을 가지고 있다는 것이다. 아마 마티어스도 그런 것인지도 모르겠다. 나는 아직 그들의 문화를 이해하지 못하는 것 같다.

이곳 아프리카인의 집에서 그들 방식대로 그들과 같이 식사를 해보고 싶었다. 아프리카에는 아주 많은 부족과 언어가 있어 걱정했는데 다행히 남아공 출신인 마티어스가 이곳 부족의 언어로 의사소통을 할 수 있다고 했다. 우리는 무작정 한 집으로 들어갔다. 마티어스가 우리의 뜻을 집주인에게 전했고, 집주인은 흔쾌히 고개를 끄덕였다. 집에는 부인과 갓난아기가 있었다. 조금 떨어진 곳에 다른 부인과 두 명의 자식이 또 있다고 한다. 일부다처제의 풍습이 행해지고 있는 듯했다. 전통방식으로 생활하는 가정은 점점 없어진다고 한다. 왠지 서운한 마음이 들었다. 그러나 서운해지는 것도 내 욕심일 것이다. 그들은 그들의 의지에 따라 좀 더 편한 생활방식을 택한 것뿐이니까. 내가 좀 더 나은 삶을 위해 치열하게 사는 것처럼 말이다.

이 집에는 한 평 정도의 작은 집이 세 채 있는데, 침실로 사용하는 집의 절반 정도를 나무 침대가 차지하고 있었다. 마당에는 그릇과 냄비 몇 개가 있고, 한

채의 가옥에는 농기구 몇 가지가 놓여 있었다. 또 다른 한 채에는 곡식이 저장되어 있었다. 곡식은 우리나라의 기장과 같았다. 아프리카 사람들은 옥수수를 주로 먹는 것으로 알고 있었는데 내가 들른 집의 곡식은 분명히 기장이었다. 그 곡식을 갈아서 물을 붓고 끓여 걸쭉하게 만들어 먹는다고 한다. 반찬이나 양념 소스는 전혀 없고 소금만 있었다. 가끔 고기는 구해서 먹고, 우유를 짜서 먹는다고 했다. 같이 음식을 먹어 보고 싶었지만 준비가 안 되었다며 정중하게 거절을 했다.

동물의 왕국, 쵸베 국립공원

비는 멈추지 않고 계속 내렸다. 비를 맞으며 텐트를 걷고, 비를 맞으며 아침을 먹고, 설거지를 하고 철수 준비를 한다. 아프리카에선 어떠한 것도 '적당히'란 게 없는 것 같다. 매우 뜨겁고 광활한 모래사막이거나, 밀림이거나, 폭우거나 그렇다. 아주 많거나 아주 적다. 빗줄기는 더 굵어지는 듯했고, 덕분에 온몸이 젖었다. 침낭도 축축하고 매트리스도 물바다다. 마음 역시 그것들 못지않게 가라앉는다. 그냥 젖은 옷을 입은 채 트럭을 타고 이동했다. 가다 보면 해가 뜨고 해가 뜨면 옷은 금방 마르고, 더워진다. 이런 상태로 여러 번 나미비아에서 보츠와나로, 다시 나미비아, 보츠와나를 오갔

다. 그때마다 출입국 수속카드를 작성해야 했다.

드디어 쵸베 국립공원에 도착했다. 사파리를 하러 가는 길에 폭우가 갑자기 쏟아졌다. 그 가운데서 수많은 코끼리 떼를 만났다. 가이드는 비가 오는 날에는 좀처럼 코끼리를 볼 수 없다고 했는데 우리가 가는 곳마다 코끼리가 무리 지어 있었다. 우람한 덩치를 보니 어느새 우울하던 기분이 날아갔다. 우리를 태운 사

파리 차는 코끼리 숲을 지나 강가로 나왔다. 하마 떼다. 강 건너 둔치에는 하마
떼, 이쪽 둔치에는 임팔라 떼가 수없이 모여 있고 저 멀리에는 또 다른 코끼리
무리가 보인다. 강가에는 물고기 독수리와 검은 독수리가 하얀 고목가지 위에
앉아 있다. 멧돼지 무리, 누르스름한 거북, 물도마뱀, 쪼르르 달려가는 망구스
가족도 보였다. 그야말로 동물의 왕국다웠다.

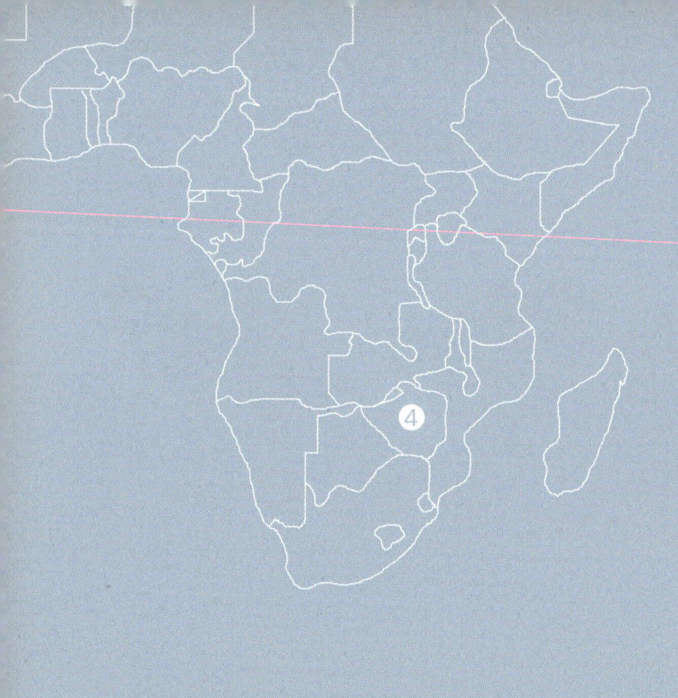

South Africa 1
Namibia 2
Botswana 3
Zimbabwe 4
Zambia 5
Malawi 6
Tanzania 7
Kenya 8

ZIMBABWE

영국 여왕의 이름처럼 위엄 있고 장엄한 폭포를

'천둥소리가 나는 연기' 라고 불렀던 이곳 사람들에게

이 폭포는 두려움이었을까, 경외감이었을까.

여행은 바라보는 것이 아니라 그 안으로 뛰어들어 부딪히는 것이다.

무섭게 휘감기는 물살의 느낌, 턱까지 차오르는 숨.

잠깐의 공포 속에서도 난 충만감을 느낀다.

짐바브웨

빅토리아 폭포와 마주하다

짐바브웨 국경을 넘어와서 남부 아프리카 마지막 종착지인 빅토리아 폭포로 갔다. 짐바브웨는 남부 아프리카 내륙에 위치하고 있다. 동쪽으로는 모잠비크, 남쪽으로는 남아공, 북쪽으로는 잠비아, 서쪽으로는 보츠와나와 국경을 접하고 있다. 1980년 영국의 감독하에 실시된 총선에서 로버트 무가베가 총리에 취임하였고 4월에 독립을 했다. 하지만 오랜 내전과 몇 년간 계속된 가뭄으로 나라 경제가 피폐해질 대로 피폐해진 상태라고 한다. 경제기반이 없어 생산품 대부분을 다른 나라에서 수입을 하기 때문에 나라 경제가 더 어렵다고 했다. 지금은 국민의 80%가 빈곤층으로 전락한 상태라고 하니 안타깝다.

빅토리아 폭포는 폭포를 처음 발견한 영국인 탐험가 리빙스턴이 영국 여왕의 이름을 따 '빅토리아' 라고 했다. 북쪽의 잠비아와 남쪽의 짐바브웨의 경계를 이루는 잠베지 강에 위치하고 있어 두 나라에서 모두 이 웅장한 폭포를 볼 수 있다. 도시 이름도 빅토리아 폭포다. 세계 3대 폭포로 유명한 관광지이지만 도시는 우리나라 읍내만 한 크기다.

마티어스와 함께 빅토리아 폭포에 갔다. 마티어스는 여행자들을 이끌고 이곳에 몇 번 왔지만 입장료가 없어 정작 폭포를 한 번도 구경해 보지 못했다고 했다. 그래서 입장료를 내가 지불하기로 하고 함께 갔다. 숙소에서 폭포까지 약 이십여 분 걸리는데, 가는 내내 공예품을 팔러 나온 가난한 흑인 아이들이 계속 따라다녔다. 돈이 없다고 하자 입고 있는 티셔츠와 바꾸자고 한다. 내가 대꾸하지 않자 마티어스가 자신의 옷가지 두세 점과 흥정을 하기 시작했다. 내가 보기엔 낡을 대로 낡아서 버려야 할 옷인데, 마티어스는 그것과 자기 엄마에게 크리스마스 선물로 줄 물건을 바꾸고 싶어 했다. 마티어스가 원한 것은 넓은 나무 접시와 요리용 나무 포크였는데, 흥정이 잘 되지 않는 모양이었다. 마티어스의 엄마는 여러 가지 잡일을 해서 마티어스 동생들과 살아가고 있다고 한다. 아빠는 일은 안 하고 술만 마시고 엄마에게 폭력도 휘두른다며 다 큰 청년의 순박한 눈에 눈물이 글썽인다.

폭포가 워낙 크고 넓어 근처에는 가지도 못하고 건너편 벼랑에서 바라보았다. 이과수, 나이아가라 폭포와 함께 세계 3대 폭포라는 명성에 걸맞게 장대하

다. 폭포소리도 웅장했다. 도시는 작았지만 폭포는 정말 우리를 압도했다. 해 발고도 약 90m의 고원에서 흘러내리는 잠베지 강의 물이 너비 약 1,500m의 폭포로 바뀌어 110~150m 아래로 낙하한다.

그 명칭에서도 알 수 있듯이 여러 개의 폭포가 합쳐져 상상할 수 없을 정도로 많은 양이 쏟아져 내려온다. 이 폭포는 아래쪽의 강폭이 50~75m이어서 반대 쪽 낭떠러지 끝에서 내려다볼 수 있을 뿐이다. 멀리서는 치솟는 물보라만 보이 고 굉음밖에는 들리지 않기 때문에 원주민들은 '천둥소리가 나는 연기'라고 부른다고 한다. 흰 물보라, 물안개, 폭포소리까지 합쳐져 그야말로 장관이다. 1분에 낙하하는 수량이 무려 30만㎥에 달한다니, 직접 보지 않고는 상상하기 어려운 폭포다. 바로 옆에서 큰 소리로 말을 해도 잘 안 들릴 정도였다. 그야말로 폭포에 압도당하는 기분이었다.

폭포에서 돌아오는 길에 시내 길 옆 잔디밭에 멧돼지 무리가 여기저기서 풀을 뜯고 있는 것을 보았다. 사람들의 왕래가 빈번한 시내에서 멧돼지는 마냥 태연해 보였다. 여긴 멧돼지도 사람도 서로 본체만체 지나간다. 당장이라도 나를 들이받을까 봐 무서웠지만 나도 멧돼지 옆을 무심한 척 지나쳐 왔다.

젖은 옷을 갈아입고 나와 보니 마티어스가 자신의 방문이 잠겨 옷을 갈아입지 못하고 밖에서 떨고 있었다. 내 방에 데리고 와 내 티셔츠를 하나 건넸다. 오늘은 이 옷을 입고 내일 이 옷을 팔아 엄마에게 줄 선물을 사라고 했다. 마티어스는 단호히 고개를 저었다. 친구가 준 선물을 절대로 팔 수 없다며 추억으로 간직하겠단다. 친구의 우정을 소중히 여길 줄 아는 마티어스. 서로 주먹을 맞댄후 우리의 우정과 서로의 앞날을 위해 하이파이브를 했다. 우린 곧 헤어져야 한다. 내일 새벽에 마티어스는 혼자 고향으로 돌아간다. 우리는 다시 만날 수 있을까. 어려울 것이다. 그가 씩씩하고 당당한 젊은이로 자라길 바랄 뿐이다.

상상을 초월하는 아찔한 래프팅

빅토리아 폭포 아래 잠베지 강으로 내려가
는데 계단이 거의 90도 급경사다. 자연을 그대로 보존하기 위해 길을 만들지
않아 사다리를 타고 급경사를 내려갈 수밖에 없었다. 위에서 내려오는 사람이
미끄러지면 밑에 있던 사람들이 모두 줄줄이 수직 계곡으로 떨어질 판이다. 긴
장이 돼서인지 다리가 후들거리며 힘이 쫙 빠졌다. 간신히 쉬어가며 래프팅 출
발지에 도착했다. 하나의 보트에 가이드 두 명과 여행자 세 명이 탔다. 그리고
1인용 카약에 탄 안전요원 두 명과 지휘요원 한 명이 우리 보트를 따라왔다. 안
전요원이 다섯 명인 셈이다. 그만큼 급류가 심한 모양이었다. 은근히 겁도 나고

스릴도 느껴졌다. 물은 무섭게 휘감기며 떨어지고, 바위에 부딪히며 물거품을 일으켰다. 상상을 초월한 래프팅이었다. 내가 제일 먼저 보트 밖으로 내동댕이쳐졌다. 보트 밖으로 떨어지면 물살이 워낙 거세 금세 멀리 떠내려갔다. 재빨리 1인용 카약이 달려와 구조해 준다. 계속 이어지는 급류에 정신을 차릴 수 없었다. 보트도 두 번이나 뒤집혀졌다. 몸이 튕겨나가 바위에 부딪칠까 봐 겁이 더럭 나기도 했다. 모두가 보트 밖으로 내동댕이쳐지자, 보트의 안전을 책임져야 할 가이드도 구조당하고 어떤 이는 다른 보트에서 구하고 어떤 이는 안전요원이 카약을 타고 와서 구하는 등 그야말로 난리었다. 한번은 보트 밖으로 떨어져서 낙하하는 급류에 휘말렸는데 뒤집어지는 물살에 몸이 밖으로 빨리 솟아나지 않아 겁이 덜컥 나기도 했다. 숨이 한계지점에 다다랐을 때 겨우 물 위로 솟구쳐 숨을 쉴 수 있었다.

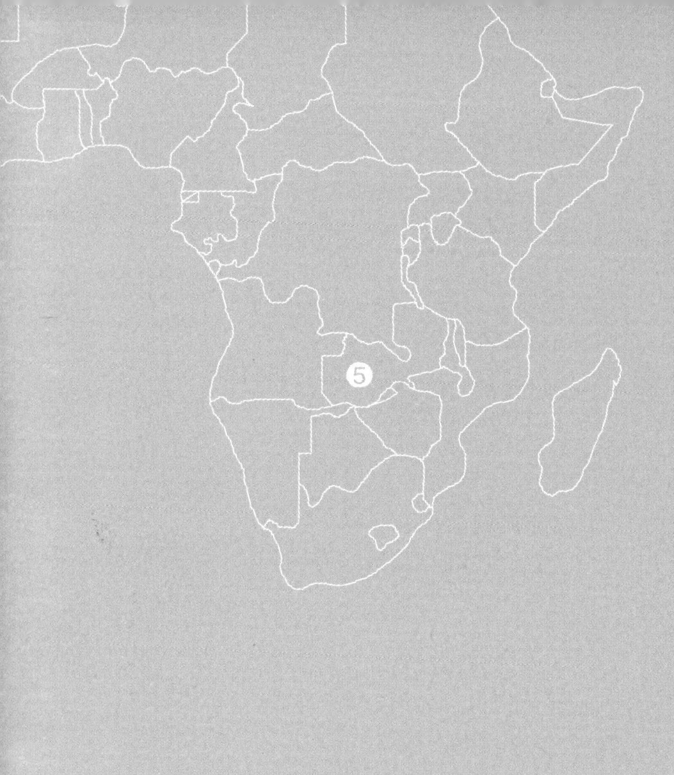

South Africa
Namibia
Botswana
Zimbabwe
Zambia
Malawi
Tanzania
Kenya
1
2
3
4
5
6
7
8

ZAMBIA

이름처럼 부드럽고 풍요로운 땅, 잠비아.

1,000km를 달리는 내내 나는 낯선 땅에서 반가움을 만났다.

여명이 밝아오기 전 아침을 깨우는 닭 울음소리,

힘차게 뛰놀던 고향의 언덕처럼 무성하게 자라난 풀들,

밥 짓는 향기가 모락모락 피어오르는 초가집 마을.

다른 듯 닮은 모습들은 이방인인 나를 너무도 따스하게 안아주었다.

마을 어귀마다 있는 망고 나무의 향기는 돌아온 일상에서 만나는 또 다른 그리움이 된다.

잠비아

새로운 일행, 다시 시작되는 새로운 여행

남부 아프리카 야생 탐험의 종착지였던 짐바브웨의 빅토리아 폭포에서 출발하여 동부 아프리카의 관문인 케냐의 나이로비까지 가는 꽤 긴 여정이 다시 시작됐다. 트럭으로 열대지역을 지나는 여행은 많은 시간과 체력과 열정을 필요로 한다. 하지만 또 다른 새로운 아프리카를 본다는 상상에 가슴이 뛰었다. 아프리카의 순수한 야성이 밀려오는 듯하다.

동부 아프리카 여행의 책임가이드 찰스와 요리사 프리티는 흑인이고, 보조 가이드 겸 통역인인 스테판은 독일인이다. 찰스는 여행팀을 노련하게 통솔했고, 프리티는 요리를 잘하는 것은 물론 대중을 휘어잡는 명연설가였다. 나는 그

들이 믿음직스러웠다. 책임자로 흑인들이 자리 잡고 있는 것이 바람직한 현상
이라는 생각이 든다. 흑인의 땅에서 모든 경제적인 부를 백인이 누리고 있는 것
은 보기에 그다지 달갑지 않았다. 도시를 지나면서 보니 양복을 입은 관리인 같
은 흑인들이 제법 있었다. 그들은 절제 있고, 지성미가 넘쳐 보였다. 일행 중엔
중년 노부부가 두 팀 있었다. 영어가 되지 않아 나와 대화는 거의 하지 않았지
만 서로 양보하는 마음으로 행동했다. 아름답게 늙어 가는 분들이었다. 또 다른
커플은 이십 대쯤의 처녀와 오십 살쯤의 남자였다. 둘 모두 체구가 거대했다.
당연히 아버지와 딸이라 생각하며 〈가족이시죠?〉 하고 물었는데 〈절대 아니
다.〉라고 동시에 대답했다. 물어본 내가 오히려 당황스러웠다. 도무지 상상이

되지 않는 관계였다. 하지만 여행이 끝날 때까지 물어보지 않았다. 내가 자유를 찾아왔듯이 그들도 어떤 이유로든 자유롭기 위해 왔을 것이다.

가이드들은 나를 많이 챙겨 주었다. 체구가 큰 서양인들 사이에 혼자 있는 작은 동양인에 대한 배려였는지도 모르겠다. 찰스는 서른다섯 살의 듬직한 짐바브웨인이다. 결혼을 하진 않았지만 열 살과 열두 살짜리 두 아들이 학교 기숙사에 있다고 했다. 형이 있는데 결혼도 하지 않고 자식도 없이 살아간다고 한다. 찰스의 꿈은 결혼해서 아이를 다섯 명쯤 낳아 큰 가족을 이루는 것이다. 그리고 빅토리아 폭포에서 여행자 수송 버스회사를 가지고 싶단다. 공항과 호텔과 주변 관광지를 정기 운행하는 셔틀버스를 운영해 보고 싶다고도 했다. 내가 생각해도 현실적인 사업계획처럼 보였다. 한국에서 중고차를 사면 가격이 어느 정도인지 이메일로 정보를 주기로 했다.

다시 빅토리아 폭포로 향했다. 이번엔 잠비아 쪽에서 바라보는 것이다. 폭포를 사이에 두고 짐바브웨 쪽에는 빅토리아폴 도시가 있고 잠비아 쪽에는 리빙스턴 도시가 있다. 우기 끝이라서 그런지 지난번보다 잠베지 강물이 엄청나게 불어나 강물이 폭포에서 떨어지는 모습이 숫제 바다가 통째로 떨어지는 것 같았다. 잠베지 강물은 천천히 흘러가다가 빅토리아 폭포 바로 위에서 넓게 퍼져 수직으로 떨어진다. 높은 곳은 180m나 된다고 한다. 무시무시하게 절벽 밑으로 내리꽂히는 강물, 떨어지며 내는 엄청난 굉음, 다시 수증기로 솟아오르는 폭포. 폭포 때문에 생긴 물수증기가 다시 비가 되어 쏟아지는 광경은 내 몸이 저

절로 빨려 들어갈 만큼 현기증을 느끼게 한다. 역시 대단하다. 나는 저절로 나오는 감탄으로 입을 다물지 못했다. 벌린 입 속으로 물수증기인지 빗방울인지 시원한 느낌이 쏟아져 내렸다.

오후에는 폭포 상류 지점의 잠베지 강에서 선상 크루즈를 했다. 장엄하기까지 했던 폭포와는 다르게 상류의 잠베지 강은 넓고 잔잔하다. 늙은 시골 농부같이 여유로운 잠베지 강이 한껏 아프리카의 풍취에 빠지게 한다. 몇 킬로미터 떨어진 강 하류에서 나는 폭포소리가 강 상류 지점에서는 아스라이 들리고, 멀리서는 강을 적시며 석양이 붉게 물들어 간다.

축복받은 땅, 잠비아

리빙스턴에서 잠비아의 수도 루사카로
가는 길은 국가의 중심 도로인데도 아스팔트가 군데군데 파여 있어 흙길에서보
다 속력을 낼 수가 없다. 아스팔트가 움푹 파인 곳을 보니 속력을 냈다가는 트
럭이 고장 나기 십상이겠다는 생각이 들었다. 아스팔트도 얇게 깔려 있었고 아
스팔트 밑의 기초공사인 자갈다짐이 제대로 되어 있지 않은 것 같다. 그런 길을
100~200km 정도 달려오니 그제야 길이 좋아졌다. 수도에서 가까운 곳이라
도로 사정이 좋은 모양이다.

잠비아는 우리나라의 세 배 크기에 인구는 천만 정도 된다. 리빙스턴에서 루

사카로 오면서 보니 이곳은 모두 고원지대이면서 평원이다. 적도에서 가까워 상대적으로 기후가 온화하다. 끝없이 펼쳐진 평원에서는 사람 키보다 더 큰 풀들이 자라 있다. 고원의 온화한 날씨와 끝없는 평원은 다듬을 필요도 없이 그 자체로 목장이다. 소들이 풀을 뜯어 먹으면서 그늘 삼아 쉬기에 적당할 정도로 나무도 듬성듬성 자라 있다. 그냥 그대로 천상의 목장이다. 우리나라의 젊고 열정적인 낙농인이 여기에 정착하면 좋겠다는 생각마저 든다. 평생 목표를 걸어도 좋을 만큼 축복받은 땅인 것 같다. 하지만 지금 잠비아는 가난한 나라다. 잠비아의 젊은이들은 일자리를 찾아 모두 도시로 가버렸고 시골은 점점 인구 밀도가 낮아지고 있다고 한다. 대신 수도 루사카는 꽤 복잡하고 큰 도시가 되었다. 어느 나라나 비슷한 모양이다. 축복받은 땅에서조차 젊은이들이 희망을 찾

지 못하는 현실이 안타깝기만 하다.

잠비아라는 국가명은 이 나라에서 무엇보다 중요한 잠베지 강에서 따온 것이다. 사실 이번 여행 전까지 잠비아라는 국가에 대해서 아는 것이 전혀 없었다. 하지만 여기 와서 이 나라의 경치에 푹 빠졌다. 왠지 내 심성과 잘 맞는 나라다. 〈잠~비~아~〉 하고 불러 보면 느낌도 비단같이 부드럽고 좋지 않은가! 이 나라의 나무와 초원이 만든 풍경이 꼭 '잠비아'라는 이름의 느낌과 똑같다. 수수한 처녀 같고, 푸근한 어머니 같다. 넓게 감싸 안아 주고 용서해 주고 다 받아 줄 것 같다. 이틀 동안 잠비아의 땅을 거의 1,000km를 달렸는데 내내 그런 모습으로 나를 안아 주었다.

사람들이 도로 옆에서 밀림에서 사용하는 긴 칼로 풀을 베고 있었다. 낫이라도 있으면 좋으련만, 그 크고 무거운 칼로 풀을 쳐내고 있는 모습이 무척이나 힘들어 보였다. 낫 만드는 기술이라도 전수해 주고 싶었다. 조금만 생각하면 낫을 만들 수 있을텐데 이곳 사람들은 삶의 개선에는 별로 관심이 없는 것은 아닌가 하는 생각도 들었다. 무엇을 발명해 내고 개발하고 삶을 편리하게 하는 것에 아무런 흥미가 없는 것. 그냥 하루의 삶을 큰 고통 없이, 경쟁을 하고 더 벌기 위해 안간힘을 쓰는 일 없이 자족하면 그만인 삶. 그들은 아무런 욕망도 불편도 없는데 그들 삶의 밖에서 바라보고 있는 나만 그렇게 느끼는 것은 아닐까 하는 생각도 들었다. 여행길 위에서도 나는 아직 나의 시선의 잣대를 버리지 못하고 있는 것일까.

루앙와 국립공원에서의 야간 사파리

잠비아와 말라위 국경이 접해 있는 사우스 루앙와 국립공원까지는 180km로 짧은 거리지만 울퉁불퉁한 도로 사정으로 인해 다섯 시간이나 걸렸다. 아프리카 최대의 표범 서식지라고 하니 사뭇 기대가 된다. 캠프장은 루앙와 강가에 위치하고 있었는데 밤에 화장실 갈 때에도 반드시 안전요원과 함께 가야 한다며 주의를 준다. 동물들이 캠프장 안에도 들어오기 때문에 캠프장 안에서 절대 혼자 다니지 말라는 것이다. 일행 중에 이곳에 온 적이 있는 이가 있었는데 그때 코끼리가 캠프장 안으로 들어와 혼이 났었다고 한다. 모두들 놀라 트럭 안으로 숨고, 코끼리가 스프를 마시다가 뜨거워 길

길이 뛰며 화를 내 아주 위험했단다.

캠프장 앞에는 넓은 루앙와 강이 흘렀다. 강물 속에는 하마 떼가 시커먼 등만 물 위에 내놓고 쉬고 있다. 워낙 거리가 가까워 하마의 커다란 덩치가 더욱 커 보였다. 하마 떼들은 강의 여기저기에 무리 지어 〈꾸~ 꾸~ 꾸~〉 하며 소리를 냈다. 왠지 그 소리가 정겹기만 했다.

오후 네 시부터 야간 사파리 드라이브를 시작했다. 지프형 사파리 차량에 일행 여섯 명과 두 명의 가이드가 탔다. 사우스 루앙와 공원의 넓은 평원에는 적당한 숲과 초지가 자리 잡고 있고, 평원 곳곳에 물웅덩이가 있으며, 루앙와 강

이 공원을 지나고 있다. 공원 입구에는 원숭이 무리도 엄청 많다. 국립공원을 들어서자마자 운 좋게도 어미 사자와 어린 사자 두 마리를 5m 이내에 접근해서 볼 수 있었다. 국립공원 내의 물웅덩이에는 하마도 엄청 많이 있었다. 임팔라와 쿠두 무리는 어딜 가나 눈에 띄고 얼룩말과 기린과 원숭이도 많이 있다. 또한 여기저기서 코끼리 무리도 심심찮게 만날 수 있었다.

날이 완전히 어두워지자 본격적인 야간 사파리 드라이브가 시작되었다. 가이드 한 명은 운전을 하고 한 명은 손전등으로 초원 여기저길 비추면서 동물들을 찾았다. 표범이나 사자가 먹이사냥을 하는 스릴 넘치는 장면을 기대하며 모두들 잔뜩 흥분해 있었다. 그러나 낮에 보았던 코끼리, 얼룩말, 임팔라 등만 보이고 맹수들은 보이지 않는다. 가이드가 무선전화로 다른 차량과 교신을 해봤지만 다른 차량도 소득이 없기는 마찬가지인 모양이었다. 그렇게 두 시간의 야간 사파리 드라이브는 허탈하게 끝이 났다.

저녁에 캠프장 내의 우리들 텐트와 트럭이 있는 곳에서 5~10m 정도 거리를 두고 엄청나게 큰 하마가 뛰어갔다. 캠프장 가까이로 풀을 먹으러 왔다가 랜턴 불빛에 놀라서 도망가는 거라고 했다. 짐승들은 불빛을 겁낸다며 밤에는 반드시 랜턴을 가지고 다니라고 주의를 주었다. 위험한 하마가 이렇게 가까이 다가오다니 깜짝 놀랐다.

다음 날 새벽에 다시 사파리 드라이브에 나섰다. 이번에는 꼭 사냥하는 맹수를 볼 수 있기를 기대하면서 출발했다. 밝아 오는 여명을 받으며 달리는 사파리 차량에서 얼굴에 부딪히는 새벽 공기가 상쾌했다. 많은 종류의 새를 만났다. 가이드가 새를 좋아하는 것 같았다. 새 도감을 찾아 보여 주며 새에 대해 설명해 주었다. 악어와 물도마뱀, 기린, 코끼리, 수없는 임팔라와 하마를 만났다. 하지만 이번에도 잠자는 사자 한 마리만 보았을 뿐 다른 맹수들을 보지 못했다. 아프리카 최대의 표범 서식지라고 하는데, 표범을 만나기는 어려운 모양이었다.

돌아오는 길에 작은 학교 운동장만 한 물웅덩이에 빽빽하게 가득 찬 개구리풀이나 옥잠화 같은 물풀이 아침 햇볕에 초록으로 반짝이는 것을 보았다. 그런데 이 조그만 웅덩이에 덩치 큰 하마가 이십 여 마리나 있다. 덩치가 커서 물웅덩이에 가득 찼다. 하마의 검은 등과 물풀의 밝은 그린색이 선명한 대비를 이뤘다. 웅덩이의 물이 얕아서 하마는 헤엄치지 않고 걸어 다닌다고 한다. 물풀이 빽빽하게 차 있어 하마는 그냥 눈 감고 입만 벌린 채 그렇게도 좋아하는 물풀을 먹을 수 있는 것이다. 가이드가 웅덩이를 가리키며 〈하마 뷔페〉라고 한다.

자다가 언뜻 깊은 잠에서 깨면 바로 옆에서 하마 소리가 들려 왔다. 가까이에 있는 녀석은 아마 30m 이내에 있는 것 같았다. 멀리서도 하마 소리가 들렸다. 가이드가 잠자리에 드는 우리에게 〈Be careful!〉 하고 인사한 이유를 알 것 같다.

내 안에서 새롭게 태어난 나라

여명이 밝아 오기 전 새벽녘쯤 어디선가 닭 우는 소리가 들려 왔다. 어릴 적 내 고향에서 듣던 소리였다. 어쩌면 닭 울음소리를 들으며 아프리카에 대한 꿈을 키운 적도 있었을 것이다. 나는 텐트 안에서 닭 울음소리를 천천히 음미했다. 서서히 사위가 밝아 오고 닭 울음이 꿈결처럼 나를 어루만진다. 마치 내 세계와 꿈의 세계가 닭 울음소리로 하나가 되는 것 같은 기분 좋은 감상에 빠졌다.

신기하게도 잠비아에서 가장 흔한 풀이 우리나라에서도 흔히 보는 것이었다. 이곳에서는 사람 키보다 크게 자라 있지만 우리나라에서는 무릎 정도의 크기라는 것만 다를 뿐이다. 내가 목장을 하면 좋겠다고 생각하던 바로 그 풀 말이다. 내가 어려서 함께하던 닭 울음소리, 새소리, 그리고 풀. 내 고향에서 누리던 것을 아프리카 잠비아에서 누리게 될 줄은 상상도 못했다. 루앙와 국립공원으로 가는 길에 본 흑인들의 초가집 모습이나 마을 형태도 우리의 마을과 닮아 있었다. 자그마한 초가집과 깨끗한 흙 마당, 그 안에서 뛰노는 몇 마리의 닭과 가축들이 그저 정겹기만 하여 입가에 절로 미소가 인다.

잠비아에서 더 머무르고 싶을 만큼 아쉬움이 남았다. 정감을 주는 잠비아의 풍경들을 작별 인사 대신 느긋하게 감상했다. 막 솟아오르는 태양이 어슴푸레하던 넓은 평원을 하나하나 밝게 바꿔 나가는 모습을 편안한 마음으로 바라보았다.

잠비아 마을의 집은 우리나라의 옛날 시골마을과 많이 닮았다. 옹기종기 모인 듯한 초가집도 그렇고 흙 마당이 깨끗하게 다져져 있는 것도 그랬다. 다른 게 있다면 우리네 시골 초가집에 서 있는 감나무 대신 망고 나무가 심어져 있다는 것뿐이었다. 어느 집이나 망고 나무가 무성하게 자라서 그늘을 만들어 주었다. 바나나 파파야 나무도 많이 심어져 있었다. 사우스 루앙와 국립공원을 빠져나가는 길옆에 심어져 있는 벼를 발견했다. 갑자기 왈칵 반가움이 일어 목젖이 뻐근하다. 나와 다른 세계를 체험하고 싶어서 온 여행인데 이제 며칠 되었다고 내가 살던 곳의 비슷한 무언가만 봐도 반갑다는 느낌이 드는지, 알다가도 모를 일이다. 잠비아는 내 안에서 새롭게 태어난 나라다.

South Africa
Namibia
Botswana
Zimbabwe
Zambia
Malawi
Tanzania
Kenya
1
2
3
4
5
6
7
8

MALAWI

국토의 5분의 1을 차지하는 바다 같은 호수에서 마음껏 물을 즐겼다.

'다양한 워터 레저를 즐길 수 있다'고 여행책자에 당당하게 적혀 있는

그 활동들은 나무막대기와 마른 풀줄기를 찌로 사용하여 하는 낚시,

사용하기 힘든 구닥다리 수경을 통해 보는 스노클링 등이다.

어이없음도 잠시, 말라위에서만 만끽할 수 있는 즐거움을 누린다.

편하거나 세련되지 않은 자연 그대로의 방식, 이것이 아프리카다.

말라위

바다 같은 말라위 호수

고원지대인지 평원인지 알수 없는 길을 끝없이 달려 캄캄해질 쯤에야 말라위의 작은 캠프장에 도착했다. 고원의 끝점에 오니 침엽수로 된 숲이 나왔다. 캠프장이다. 열두 시간의 장거리 운행이었다. 고원지대라 밤에는 가을용 등산 점퍼까지 껴입어도 추웠다. 우리는 장작불을 피워 놓고, 둘러앉아 저녁을 먹었다. 보조 가이드 스테판이 기타를 들고 와서 한 시간 정도 노래와 기타 연주를 해주었다. 소박한 실력이지만 여기에선 잘 어울렸다. 조금씩 밤이 깊어지자 하나 둘씩 자신들의 텐트로 들어가고, 장작불 불씨 앞에는 육십이 가까운 수잔느와 흑인 노처녀 요리사인 프리티 그리고 나

만 남게 되었다. 점점 더 차가워지는 밤공기 속에서 우리들의 이야기는 조금씩 깊어지고 있었다. 프리티는 결혼을 하지 않고 살 생각이라고 했다. 혼자 살아가는 삶도 자유롭고 좋지 않느냐는 내 말에 7년 전에 이혼한 수잔느는 혼자 남겨진 자신의 외로움을 슬며시 내보인다. 나이를 먹을수록 혼자라는 사실이 더욱 쓸쓸하게 느껴지는 모양이었다. 장작불 불씨도 거의 사그라지고 있었다. 밤공기가 찬지 옷깃을 더욱 여미며 몸을 웅크리고 앉은 수잔느의 모습에 안쓰러운 마음이 인다. 수많은 별들이 반짝이고 있고 넓은 밤하늘은 이 초라한 여인을 더욱 작아 보이게 했다.

다음 날 아침 음주주로 향했다. 찬 공기가 아침을 더욱 신선하게 만들어 준다. 캠프장에서 말라위 호수로 가는 길은 계속 내리막길이다. 캠프장이 위치한 곳은 1,200m 정도의 고원 꼭대기 지점이고, 호수는 저지대이기 때문이다. 트럭은 두 시간 정도 달려 작은 도시 음주주에 도착했다. 앞으로 나흘 동안 쓸 돈을 말라위 콰차로 환전했다. 말라위는 잠비아보다 좀 더 부유하고 상업이 발달한 듯하다. 도로 포장도 잘돼 있고, 왕래하는 사람도 잠비아보다 훨씬 많다. 장사꾼도 많았다. 말라위의 관광 안내책자에는 '아프리카의 따뜻한 마음' 이라는 문구가 들어 있다. 하지만, 길에는 여행자에게 엽서나 목걸이 등을 팔려는 아이들이 너무 많았다. 차에서 내리기가 무서울 정도였다.

음주주에서 두 시간 더 달려가니 시원한 바다가 나타났다. 내 눈엔 분명 바다 같은데 바다가 아닌 호수라고 한다. 많은 여행자를 불러들이는 그 유명한 말라위 호수였다. 말라위 호수는 아프리카에서 세 번째로 큰 호수다. 말라위 국토의 5분의 1을 차지하며 길이가 500km, 폭이 80km다. 호수는 바다처럼 흰 모래사장이 길게 뻗어 있고, 수평선도 바다와 같다. 얼른 수영복으로 갈아입고 호수로 뛰어들었다. 물이 맑아 물속 고기 떼가 지나가는 것도 구경할 수 있었다.

낚시? 낚시! 낚시놀이

이틀 동안은 이곳에서 하고 싶은 레저 활동을 마음껏 즐기기로 했다. 여행안내 책자에 스노클링, 다이빙, 말 타기, 낚시, 윈드서핑 등이 가능하다고 적혀 있었다. 먼저 낚시를 하려던 나는 세 번이나 황당한 일을 겪었다. 엑티비티 사무실로 가서 낚시를 예약했더니 직원이 보트를 타려면 안전서류를 작성해야 한다며 트럭에 가서 기다리라고 했다. 사십 분이 지나도 낚시를 안내할 직원이 나타나지 않았다. 다시 사무실로 가보니 기다리라던 직원은 이미 퇴근을 했다고 한다. 안전서류는 내일 작성할 테니, 내가 오면 그냥 낚시부터 하라고 다음 담당자에게 이야기를 해뒀다고 한다. 어이가 없었다.

노를 저어 가는 나뭇조각 배를 내어 준다. 불안하게 배에 올라타니 여러 명이 달라붙어 모래톱에서 낚싯배를 물 위로 밀어냈다. 배가 물 위에 뜨자 다섯 명이나 올라타서 노를 젓는다. 낚시 비용으로 10달러 정도를 줬는데 이렇게 많은 사람이 일을 하면 남는 게 있을까 걱정이 되었다. 낚시를 하는 여행자는 나 혼자뿐인데 일을 하는 사람은 배에 탄 다섯 명 외에도 더 있었다. 삼십 분 정도 노를 저어 작은 바위섬에 내렸다. 낚시 가이드로서 젊은 청년 둘이 따라 내린다.

그런데 낚시를 같이 할 가이드가 가지고 온 낚싯대를 보고 황당해하지 않을 수 없었다. 30년 전 시골동네에서 아이들이 가지고 놀던 그 낚싯대였던 것이다. 낚싯대가 두 개인데, 하나는 1m가 조금 넘는 나무막대기이고, 하나는 어디서 주웠는지 모르지만 부러진 릴낚싯대였다. 릴낚싯대는 위쪽으로 세 마디 정도는 부러졌고 녹이 슬어 있었다. 그것이 내가 쓸 낚싯대라고 한다. 게다가 마른 풀줄기를 5cm 정도 잘라서 실에 묶어 주면서 그것이 찌라고 한다. 낚싯바늘이 하나 달려 있을 뿐 추도 없다. 예비 낚싯바늘도, 낚시 실도 없다. 그냥 끊어지면 자연스럽게 낚시놀이는 종결되는 것이다. 황당하고 어이가 없었다. 남아공의 큰 여행사에서 내게 이메일로 보내 온 안내책자에도 나와 있는 낚시 레저가 이러한 것이었다니 놀라울 따름이다. 10달러지만 그래도 돈 내고 하는 레저 활동이 나무막대기 낚싯대라니. 큰 고기는 아예 잡을 생각도 말아야겠다. 손바닥보다 큰 물고기가 걸리면 그나마 낚싯줄이 끊어질 테니 말이다. 가이드는 계속 운이 좋으면 큰 물고기를 잡을 수 있다며 흥을 돋우려고 애를 썼지만, 아무래도 이런 낚싯대로는 어림없을 듯했다. 나는 손가락만 한 물고기를 세 마리나 잡았다. 그러고는 그냥 바위섬 여기저기를 옮겨 다니며 호수 경치를 감상했다.

  여행을 시작하기 두 달 전부터 어깨 통증이 와서 고생을 했다. 치료를 받았지만 별로 나아지지 않았다. 심할 땐 잠자리에 누워서도 어깨 통증 때문에 깜짝 놀라 깨곤 했다. 아프리카로 가는 동안 통증이 더 심해져 여행을 포기할까 하는 생각까지 했다. 그런데 신기하게도 아프리카 생활 며칠 만에 통증이 거의 사라졌다. 신기하다. 아내에게 이 얘길 해주면 아플 때보다 더 걱정할 거다. 내가 아예 아프리카에서 살자고 할까 봐 말이다.

　일행들은 그동안 레저 활동에 거의 참여하지 않더니 스노클링에는 모두 따라 나섰다. 낚시하던 바위섬으로 가서 스노클링을 했다. 가이드인 찰스와 요리사 프리티가 물에 들어가 본 경험이 없다고 했다. 우리는 반강제로 그들을 데리고 가서 스노클링을 가르쳐 줬다. 레저 업체에서는 아무도 나오지 않았다. 그들은 사용하기 힘든 구닥다리 수경, 오리발 장비와 보트만 우리에게 내어 줄 뿐이었다. 물속을 보니 작은 고기는 많았지만 큰 물고기는 보이지 않았다. 어처구니없는 낚시가 다시 생각났다.

근사한 저녁초대를 받다

해변 캠프장에 근무하는 흑인으로부터 저녁 식사 초대를 받았다. 조금이라도 더 가까이 그들의 삶속으로 들어가고 싶어 했던 내가 조심스레 청한 요구를 그가 흔쾌히 들어준 것이었다.

어두운 길을 십 분 정도 걸어가니 꽤 큰 마을이 나왔다. 그러나 전기가 들어오지 않고 달도 뜨지 않은 밤이라 앞이 분간되지 않을 정도로 어두웠다. 들고 간 손전등이 불빛의 전부였다.

아이들이 내 손을 서로 잡으려고 한다. 손님이 온 것이 마냥 신나는 모양이다. 그들은 집 앞의 흙 마당에 작은 돗자리를 깔고 그 위에 저녁상을 준비했다.

옥수수인 메스를 갈아 반죽하여 만든 그들의 빵과 삶은 콩, 볶은 양파, 계란 프라이가 전부였다. 이렇게 캄캄한 데서 어떻게 요리했는지 신기할 정도다. 손 씻을 물을 준다. 나를 위해 손 씻을 물을 준비한 모양이다. 나와 주인만 손을 씻고 아이들은 그냥 놀던 손으로 음식을 먹기 시작했다.

빵 덩어리를 자기 접시에 한 덩이씩 떼어 놓고 그 위에 콩, 양파, 계란 프라이를 조금씩 접시에 나누었다. 콩과 양파와 계란은 양이 적어 조금씩만 나누어졌다. 그것을 빵과 함께 집어 먹었다. 성심껏 내 접시의 것을 모두 비울 때까지 먹었다. 식사를 마치고 노래와 춤 공연이 이어졌다. 이 집 아이와 같이 식사한 이웃집 아이들 예닐곱 명이 공연을 시작했는데, 어느새 공연을 하는 사람들이 늘어나 있었다. 캄캄해서 잘 보이지 않았지만 어른도 끼어들었다. 이들은 천성적으로 노래와 춤을 즐기는 것 같다. 특히 여덟 살 남짓 되어 보이는 아이들의 춤 솜씨는 예사롭지 않았다. 그것은 춤이라기보다는 동물의 본능적인 움직임, 원초적 몸짓에 가까웠다. 아무 거리낌 없는 동물의 본능에서 오는 몸짓처럼 보였

다. 우리가 부족을 이루고 살았을 원시시대에는 아마도 이렇게 흥에 겨우면 몸이 가는 대로 흔들고 움직였을 것이다. 그리고 그것은 동물이라고 크게 다르지 않을 것이다. 어둠 속 흐릿한 불빛 속에서 보는 그들의 춤은 아프리카 야생동물의 현란한 움직임을 보는 듯한 착각을 주었다.

공연이 끝난 후 한 분이 멋진 공연의 답례로 아이들에게 바나나를 사 먹을 수 있을 정도의 성의표시를 하는 게 어떻겠느냐고 했다. 우리 돈으로 1천 5백 원 정도를 주었다. 아이들은 불빛에 돈을 비춰 보고 대단히 만족해했다. 그러면서 나에게 행복하냐고 몇 번이나 물었다. 나는 행복하다고 했다. 특별한 어떤 것을 바란 게 아니었다. 난 조금이라도 그들 삶 속에 있고 싶었을 뿐이다.

아프리카에서 맞이한 생일

아침 식사 때 일행들이 생일 축하 노래를 불러 주었다. 그저께 내 생일이 언제냐고 마리암이 묻기에 알려 줬더니 잊지 않고 생일을 챙겨 준 것이다. 아프리카에서 생일을 맞은 감회는 남달랐다.

말라위 호수 중간쯤에 있는 캔드 캠프장을 떠나서 말라위 호수 북쪽에 자리 잡은 치팀바 캠프장으로 이동했다. 계곡을 지나고 산길을 돌고 돌아 큰 고개를 넘어 왔다. 서너 시간은 걸린 것 같다. 말라위 사람들은 이제 상업이라는 것에 눈을 뜨기 시작한 것 같다. 도로 사정도 좋고, 사람들의 왕래가 잦으며 활기차 보였다. 이곳에는 옥수수 외에 카사바라는 것을 많이 심어 놓았다. 카사바는 줄

기와 잎이 가시오가피같이 생겼는데, 뿌리에 굵은 마같은 게 주렁주렁 달려 있
다. 그것을 식량으로 쓰는 것이다. 먹어 보지 않았지만, 맛이 좋을 것 같았다.

　여기서 이틀 정도 머물기로 했다. 이곳에서 즐길 수 있는 레저 활동은 그리
많지 않다. 비치에서 일광욕을 즐기거나 수영을 하는 것, 그리고 산악 등반과
현지 마을 방문 등이 할 수 있는 전부다. 일행들은 특별한 활동을 신청하지 않
았다. 대부분 활동적인 레저를 즐기기보다는 바에서 맥주 마시는 걸 좋아했다.
해질녘 햇살이 누그러지자 호수에 수영을 하러 갔다. 물속 시야는 조금 흐렸으
나 모래는 좋았다. 넓은 해변에는 스페인 가족과 나뿐이었다. 해변 끝 저 멀리
에서 흑인들이 통나무배와 그물을 손질하고 있었다. 한가로운 풍경이다.

　간이 접이식 의자에 빙 둘러앉아서 저녁을 먹는데 일행들이 뭔가 수상쩍게
수군거렸다. 무슨 일일까 궁금해하는데, 트럭 뒤에서 요리사 프리티가 촛불을
컨 생일 케이크를 들고 천천히 걸어오는 것이 아닌가! 모두 노래를 불러 주었
다. 그리고 축하 글을 적은 카드를 건네주었다. 진심으로 고맙다고 인사를 하고

일행 중 가장 연장자에게 와인 한 잔을 따랐다. 한국에서는 연장자에 대한 예의
가 가장 중요한 매너라고 소개하면서 말이다. 그러고는 고마움의 답례로 크게
한턱 쏘았다. 건배! 풀즈! 건배! 풀즈! 신나는 밤이었다. 나중에 계산하니까 1만
7천 원 정도 나왔다. 열두 명이 마셨는데도 말이다.

밤하늘의 별을 찍다

등반을 하기 위해 새벽에 눈을 떴다. 등산을 하는 것도 나 혼자뿐이다. 일행들은 모두 자고 있다. 새벽길을 나서는데 많은 흑인들이 해변으로 가고 있었다. 식사할 생선을 사러 간다고 했다. 낮에는 도무지 일을 하거나 움직이는 흑인을 보기가 힘들었는데 새벽에는 활발하게 움직이는 것 같다. 한 시간 정도 걸어서 등반할 산길 초입에 들어서니 꽤 많은 아이들이 산 위쪽에서 길을 따라 내려오고 있었다. 학교에 가는 중이란다. 산기슭 높은 곳에도 사람이 사는 집이 꽤 있었다.

등반할 카부하 산은 급경사가 져 있다. 한 시간 걷고 십 분 쉬기를 반복하면서 빠른 걸음으로 세 시간 만에 정상에 도착했다. 올라갈 때는 급경사의 높은 산이었는데 산 정상부터 반대쪽으로는 고원지대의 평원이다. 산 정상에 있는 학교에 들러 아이들에게 풍선을 주었다. 돌아올 때 햇볕도 뜨겁고 나무 그늘도 없어 몸이 물먹은 솜처럼 축 처졌다. 햇볕이 너무 뜨겁고 몸은 처지니 여기가 아프리카인지 어딘지 감각이 없다. 이곳 사람들이 새벽에 바삐 움직이는 이유를 알 것 같다. 돌아오는 길에 등반 가이드인 위즈덤이 자기 애인이 하는 가게에 가서 시원한 것을 마시자고 한다. 캠프장을 거의 다 와서 위즈덤의 여동생과 그녀의 아이를 만났다. 여동생은 아이를 낳았지만 남자 집안에서 그녀를 원치 않아 현재 오빠인 위즈덤과 같이 살고 있다고 했다. 위즈덤의 부모님은 모두 돌아가시고 자기 밑으로 여동생과 남동생이 세 명씩 있다며 부양의 어려움을 이야기했다.

여느 날보다 밤하늘이 캄캄하고 별빛이 무성해 해변에서 별 사진을 찍어 보고 싶어졌다. 삼각대를 펴고 있으니 마이클이 다가온다. 그에게 사진을 잘 찍을 줄 모르니 도와 달라고 했다. 사실 별 사진을 아직 찍어 본 적이 없었다. 마이클은 매우 좋은 카메라를 가지고 있다. 하지만 그도 별을 찍어 본 적은 없다고 했다. 같이 삼각대에 카메라를 설치하고 의논하며 별 사진을 찍었다. 처음에는 조리개 우선 모드로 놓고 조리개를 제일 크게 열어 놓은 후 셔터를 눌렀다. 그런데 계속 플래시가 터져 별 사진이 찍히지 않았다. 마이클이 수동 모드로 찍어 보자고 했다. 셔터 속도를 5초로 하고 찍어 보았지만 이번에도 실패다. 별이 나

타나지 않았다. ISO를 1,600으로 하고 셔터 속도를 늘리며 계속 시도한 결과 제법 근사한 별 사진을 담을 수 있었다.

신기하게도 밤하늘의 별은 모두 주황색인데, 사진에 찍힌 별빛은 초록색, 주황색, 붉은색으로 다양했다. 마이클이 텐트로 뛰어가 자신의 카메라를 가지고 왔다. 내 삼각대에 마이클의 카메라를 설치하고 다시 별 사진을 찍었다. 내가 찍은 것보다 훨씬 선명하게 나왔다. 그를 향해 엄지손가락을 치켜세우며 최고라고 했다. 우리는 함께 맥주를 마셨다. 평소 내성적이어서 말수가 없던 마이클이 흥에 겨워 큰 소리로 얘기를 한다. 별 사진 덕분에 또 한 명의 친구를 얻은

것 같았다.

　새벽이 지나갈 즈음 말라위 호수에서 어부들의 노래와 통나무배를 두드리는 소리가 들려온다. 아직 동 트기 전이라 캠프장의 주위가 조용해 어부들의 노래가 크게 울려 퍼졌다. 그들은 나무막대기로 통나무배를 두드리는 장단에 맞춰 노래를 부른다. 고기를 많이 잡았으니 사러 오라는 신호를 호수 주변의 마을 사람들에게 전하는 것이라고 한다. 만선을 알리는 노랫소리에 그들의 삶의 행복이 묻어 있는 듯했다.

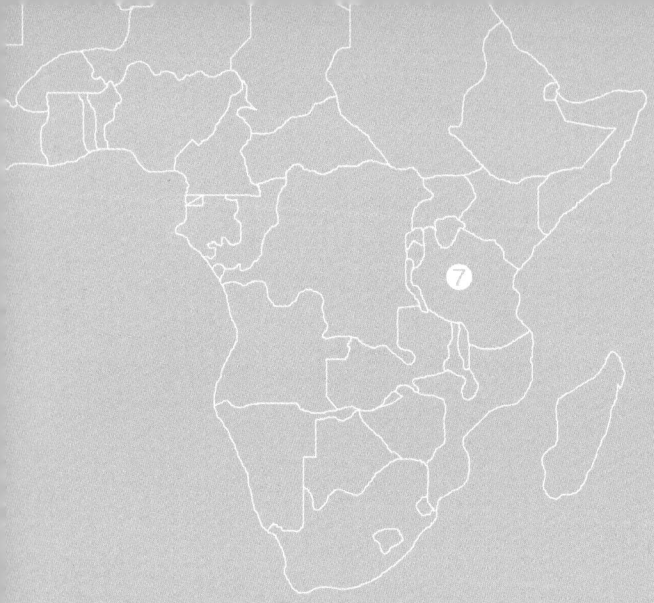

South Africa
Namibia
Botswana
Zimbabwe
Zambia
Malawi
Tanzania
Kenya
1
2
3
4
5
6
7
8

TANZANIA

누구나 가지고 있을 아프리카에 대한 상상을
완벽하게 재현해 주는 곳, 탄자니아.
야생의 자유로움과 흙빛 대양의 광활함 속에서
나는 나무 막대기 하나만으로 삶의 방식을 찾고
넓은 땅의 풍요로움을 마음 깊숙이 누리며 살아가는 그네들의 미소를 본다.

탄자니아

낯선 곳에서 만나는 그리움

국경을 넘은 트럭은 이내 고원지대로 올라갔다. 길 양쪽은 모두 녹차 밭과 바나나 밭이다. 트럭이 한 시간 반 정도 달리는 동안 도로 양쪽의 구릉지는 계속 녹차 밭이었다. 둥글고 펑퍼짐한 산비탈이 모두 녹차와 바나나 농원으로 이루어진 것이다. 고원지대를 지나 끝없이 보이는 평원을 몇 개쯤 지났을까. 텔레비전의 『동물의 왕국』에서 봤던 그런 초원이 펼쳐진다. 초지가 잘 조성되어 있고 아늑히 멀리 지평선이 보인다. 이렁가 조금 못 미쳐 키조란자 캠프장에 도착했다. 해질녘이었다.

넓은 초원을 지나온 우리들을 위해 가이드가 저녁 식사로 특별식을 주문했

다. 저녁 식사는 아프리카 부족장의 집에서 이루어졌다. 띠로 만든 지붕을 가진 큰 집이었는데, 그곳의 인테리어는 영화에서 본 아랍풍이다. 양탄자를 깔고 식사를 하니 어느 사막의 아라비아인이 된 것 같았다.

스프가 유난히 맛있다. 각각의 요리를 손님들이 잘 찾아서 먹을 수 있도록 지배인이 요리에 대해 설명해 주었는데 가장 먼저 코리안 라이스를 설명한다. 귀가 의심스러워 내 앞에 앉아 있는 요리사 프리티를 쳐다보니, 손가락으로 맞다는 사인을 보낸다. 반가워서 내 접시에 얼른 한 숟가락 크게 담아 보니 밥에 찰기가 있다. 우리나라 쌀밥과 매우 비슷하다. 전혀 새로운 세상을 상상하며 날아온 곳에서 익숙한 것들을 만나니 기분이 이상했다.

바오밥 나무 계곡에서 만난 어린왕자

탄자니아의 동쪽 해안인 인도양에 자리 잡은 다르에스살람은 탄자니아의 옛 수도이자 제일 큰 도시다. 미명의 평원을 달려 다르에스살람으로 향했다. 줄지어 학교에 가는 아프리카 아이들이 눈에 띈다. 저렇게 이른 아침부터 공부하러 가는 아이들에게서 아프리카의 밝은 미래를 보는 것 같아 마음이 흡족해진다. 대낮에는 일하는 사람들을 거의 볼 수 없어 아프리카 사람들은 참 게으르다고 생각했는데 새벽에는 의외로 많은 사람들이 바쁘게 움직였다. 해가 뜨면 너무 더워지기 때문에 모두 해 뜨기 전에 움직이는 것이었다.

스테판이 그동안의 남부와 동부 아프리카 여행지 중에서 아프리카에 산다면 어디에서 살고 싶으냐고 묻는다. 나는 주저 없이 잠비아라고 대답했다. 내가 보기에 가장 순수해서 그렇다고 했다. 스테판은 자신의 마음속 대답은 탄자니아라고 했다. 이틀 동안 탄자니아 남쪽 끝에서 동쪽 인도양 해안까지 1,300km를 달려오는 동안 나는 스테판의 대답에 충분히 공감하게 되었다.

탄자니아는 내가 여행한 아프리카 8개국 중 가장 아름다운 나라다. 잠비아가 내게 순박한 미를 안겨 주었다면 탄자니아는 여행자 모두에게 누구나 가지고 있는 막연한 아프리카의 아름다운 이미지를 그대로 재현해 주었다. 『동물의 왕국』을 보면서 꿈꿔 왔던 그런 모습과 가장 닮았다.

새벽에 출발하여 수많은 옥수수 들판과 평원을 지나고, 때론 완만한 산 계곡을 지나 예닐곱 시간을 달려 바오밥 나무 계곡에 도착했다. 그곳은 이름대로 바오밥 나무로 가득 차 있었다. 생텍쥐페리의 「어린왕자」에 나오는 바로 그 나무 말이다. 바오밥 나무 하면 어린왕자가 떠올라서 그런지 바오밥이라는 이름조차 아름답게 들린다. 어린왕자가 조금이라도 게으름을 피우고 싹을 뽑지 않으면,

금방 자라나서 어린왕자의 소혹성을 뿌리째 뚫어 버린다는 나무.

바오밥 나무에는 몇 가지 전설이 내려오는데 그중 하나는 태초에 신이 지구 상에 내려와 가장 처음으로 심은 나무라는 것이다. 그런데 그 나무가 하늘 높은 줄 모르고 계속 자라났다고 한다. 화가 난 신은 바오밥 나무를 뽑아 거꾸로 심어 버렸다는 것이다. 바오밥 나무는 굉장히 굵으며, 둥치가 곧고 시원하게 위로 쭉 뻗은 반면 가지는 아주 단순하고 간결하다. 나뭇가지에 잎이 달려 있지 않다면 정말 뿌리처럼 보일 듯하다. 그래서 바오밥 나무는 남성적인 멋을 풍기면서도 뭔가 신령스러운 나무처럼 여겨지며, 이곳 원주민들도 바오밥 나무를 신성시한다. 녹색과 푸른색의 나라, 풍성하고 안정되어 보이는 탄자니아다. 나는 바오밥 나무를 한참 동안 바라보았다. 작은 소행성을 뿌리째 뚫어 버릴까 봐 안절부절못하던 어린왕자가 지금 내 곁에 있는 기분이다.

바오밥 계곡을 지나 얼마쯤 더 가니 미쿠미 국립공원이 나왔다. 국가도로가 공원 안으로 관통하고 있었다. 다른 공원에서 보았던 야생동물인 임팔라와 기린이 많다. 진흙 속에서 뒹굴고 있는 버펄로 무리도 있다. 늦은 오후에 다르에스살람에 도착했다. 다르에스살람은 아랍어로 평화가 깃든 곳이라는 뜻이다. 그만큼 아랍인들의 영향을 많이 받은 곳이다. 탄자니아의 동쪽, 인도양 해안에 자리 잡은 이 나라 최대의 도시로 한때는 탄자니아의 수도였다. 다민족의 문화가 섞여 있는데 내일부터 삼 일간 투어할 신비의 섬 잔지바르와 함께 아랍, 아프리카, 유럽, 인도의 네 문화가 잘 조화된 곳이다. 깊은 역사에는 아픈 시간도 많이 담겨 있다고 한다.

시간이 멈추는 곳, 잔지바르

타고 온 트럭을 다르에스살람에 놓아두고 작은 배낭에 짐을 챙겨서 잔지바르로 향했다. 잔지바르행 배를 타고 인도양을 건넜다. 잔잔한 바다는 옥색으로 빛난다. 잔지바르는 탄자니아의 동쪽 인도양에 자리 잡은 꿈같이 아름다운 섬이다. 하지만 아름다운 만큼 슬픈 역사를 많이 간직하고 있다. 한동안 아랍인에 의해 노예시장으로 번창했다. 이곳 잔지바르 노예 시장에서 거래된 흑인들은 세계 각지로 팔려 갔다고 한다. 그 후로 오스만 제국과 술탄 제국이 거쳐 갔고, 영국이 한동안 이곳을 지배했다. 영국 지배령이었던 당시에 많은 인도인이 이곳 잔지바르로 옮겨 와 자리를 잡았다.

지금의 잔지바르는 아랍과 인도와 아프리카의 문화가 혼합된 신비스런 모습으로 여행자들을 유혹한다. 약 110만 인구 중 거의 50만이 한때 오만 제국의 수도였던 스톤타운에 살고 있다. 올드 스톤타운엔 아랍식 건물과 수많은 모스

크가 서 있고 그 사이로 아랍식 미로가 거미줄같이 얽혀 있다. 미로 옆에 서 있는 건물은 아랍풍이지만 대문의 문양은 아랍식과 인도식이 섞여 있다. 미로를 천천히 걸어가면 차도르를 걸친 흑인 여자와 아랍식 도브를 입은 남자를 많이 만나게 된다. 그리고 프랑스인들이 세운 성당과 교회도 있고, 인도인이 세운 건물과 호텔도 심심치 않게 볼 수 있다. 아픔의 역사가 컸던 만큼 다양한 문화가 그 속에 녹아 있어 여행자에게 아르비안나이트 같은 신비감을 준다.

잔지바르의 수도인 스톤타운에 호텔을 잡고 늦은 점심 후에 올드 스톤시티의 아랍식 건물 사이로 난 미로를 헤집고 다녔다. 아랍 문화의 정취가 흥건한 건물 사이로 나 있는 미로에서 수많은 무슬림을 만날 수 있었다. 옛날 노예시장의 건물터가 그때 세워진 교회와 나란히 서 있었다. 사람을 노예로 파는 행위와 하나님께 기도를 드리는 문화가 공존했다는 것이 이해하기 어려웠다. 스톤타운 끝에는 재래시장이 큰길 옆에 자리 잡고 있다. 제법 큰 규모로 과일, 생선, 고기 시장이 나누어져 있었다. 세계 어디를 가나 시장에서 파는 물건들을 구경하고 과일을 사먹고, 가격을 흥정하는 것은 즐겁다.

다음 날에는 스파이스 투어에 나섰다. 잔지바르는 향신료 생산으로 유명해 여행자들이 꼭 체험해 보는 필수 코스 중 하나다. 향신료 농장에서 식물의 잎과 뿌리, 열매와 껍질을 뜯어서 향료로 채취하여 체험하게 해주었다. 페퍼민트, 라벤더 등 많은 스파이스 향을 맡을 수 있었다. 코가 행복해진다. 신기한 잔지바르만큼이나 신비스런 향을 듬뿍 내뿜어서 여행자를 취하게 만든다. 스파이스

품목으로 심어져 있는 생강도 발견했다.

　스파이스 투어 후 잔지바르 섬의 북쪽 끝에 있는 능위 비치로 갔다. 환상의 섬 잔지바르에서도 가장 아름다운 비치다. 넓은 인도양을 앞에 두고도, 하루 종일 잔잔한 바다 물결과 하얀 백사장이 여성스런 분위기를 만들어 준다. 잔잔한 바다에는 한없이 마음을 가라앉게 하고 평온하게 만드는 힘이 있다. 바다를 바라보고 있자니 한동안 무념무상의 상태가 되어 버렸다. 함께 바다를 즐기던 스테판이 시계를 벗어 버리면서, 여기서는 시간 개념을 잊어야 한다고 말했다. 모두 잔지바르의 환상에 취해 가는 모양이다.

잔지바르 사람들은 '천천히'라는 뜻의 〈뽈레 뽈레〉와 '괜찮다'는 뜻의 〈하쿠나 마타타〉를 입에 달고 산다. 식당에서도 〈뽈레 뽈레〉를 확실하게 경험할 수 있다. 주문 받으러 오는 데 십 분, 맥주 한 병 갖다 주는 데 십오 분, 그리고 맥주 컵 갖다 주는 데 다시 삼 분이 걸린다. 마지막으로 다시 몇 분 더 있다가 맥주 병따개를 가져왔다. 아프리카에서는 맥주 한 병을 마시기 위해 최소한 삼십 분을 기다려야 하는 것이다. 물론 덕분에 멋진 잔지바르 비치를 맘껏 감상할 수 있었다. 바쁜 도시 생활 속에서 잃어버렸던 시간들을 이곳에서 다시 되찾은 기분이다.

인류의 시작, 끝없는 평원 세렝게티

『동물의 왕국』의 주 무대인 세렝게티 공원과 응고롱고로 분지로 가는 관문인 아루샤에 가기 위해 아침 일찍 서둘렀다. 우리 트럭 일행의 반복되는 하루 일정이 오늘도 변함없이 시작된 것이다. 일어나면 우선 텐트를 철수하고 개인 배낭을 꾸리고 아침을 간단히 해결한 후, 식기를 세척하고 나면 준비가 끝난다. 그때쯤 가이드가 차에 시동을 켜는 소리가 들린다. 그것이 출발 신호다.

종일 넓은 평원을 계속 지나왔다. 잠비아에서부터 줄곧 평원을 지나왔는데, 나라마다 다른 점이 있다면 그것은 계절이다. 잠비아는 4월 말경에 이미 건기

에 들어가고 겨울 시즌이 시작되었다. 옥수수 수확도 끝나고 바오밥 나뭇잎도 떨어지고 풀도 모두 누런 색깔로 변해 있었다. 그러나 탄자니아는 아직 옥수수도 한창 자라고 있고 온 들판이 푸르다. 도로 사정도 좋고 농업 경작지도 훨씬 크고 넓다. 이미 이 나라에는 기업농이 시작된 모양이다.

사파리 전용 지프차 두 대에 나누어 타고 드디어 세렝게티로 향했다. 지프차에는 우리가 동물보호구역 내에서 이틀 동안 잘 텐트와 간단한 개인 용품, 그리고 슬리핑백과 음식을 실었다. 세렝게티는 끝없는 평원이란 뜻이다. 이름 그대로 넓고 평평한 평원이 한없이 펼쳐져 있다. 나무 한 그루 없이 키 작은 풀밭으로 되어 있어 시야를 무한하게 터준다. 그야말로 가슴 밑바닥까지 시원한 쾌감을 가져다주는 광활한 평지다. 한없이 넓은 평원을 가만히 바라보고 있자니 시간 개념이 몽롱해지면서 내 몸 깊숙한 곳에서 태초의 원시적 시공간에 온 듯한 느낌을 받는다.

따뜻하고 넓은 초원에서 나무막대기 하나만 가지고도 소와 염소를 키우며 행복하게 살아가는 마사이족 사람들. 그들이 가지고 있는 재산은 소와 염소 방목에 필요한 나무막대기 하나가 전부다. 더 이상 필요한 것도 배워야 할 것도 욕심 낼 것도 없다. 현대 문명이 시작되기 전까지는 여기가 바로 천국이었을 거라는 생각이 든다. 수많은 인류학자들이 아프리카에서 인류의 조상이 시작되었다고 밝히고 있고, 많은 증거 화석을 발견한 것으로 안다. 그런 과학적인 모든 사실을 차치하더라도 끝없는 평원 세렝게티에 있다 보면 인류가 여기서 시작되었음이 마땅하다는 필연적인 느낌을 갖게 된다.

세렝게티에서는 톰슨가젤과 임팔라, 멧돼지, 얼룩말 등은 너무 흔해서 이내 눈길도 주지 않는다. 기린, 코끼리, 하마도 마찬가지다. 초식동물들은 숫자가 너무 많아 사파리어들에게 인기를 얻지 못한다. 사파리어들은 주로 맹수들의 스릴 넘치는 사냥 장면을 고대했다. 다행히도 우리는 사자 가족을 아주 가까이서 오래도록 관찰할 수 있었다. 언덕에서 새끼 사자 여럿이 어미 사자 품에서 자고 있었다. 하지만 좀 떨어진 곳에 있는 수사자 두 마리는 아무리 기다려도 꼼짝을 않는다. 두 마리의 치타도 만났다. 풀밭에 누워 꼼짝도 않고 계속 가젤영양을 주시하고 있는 듯했다. 날이 저물자

멀리서 하이에나 울음소리가 들려온다. 하이에나 울음소리와 알 수 없는 짐승 소리에 언뜻언뜻 선잠을 깨면서 세렝게티 초원에서의 첫 밤을 보냈다.

다음 날 새벽 사파리에 나섰다. 멀리서 걸어오는 하이에나 세 마리를 만났다. 그들은 우리가 가고 있는 길을 따라 어슬렁어슬렁 우리 쪽으로 걸어오더니 태연히 우리를 지나쳐 자기 소굴로 들어갔다. 사파리 가이드는 표범을 찾아 바위 언덕이 많은 쪽을 계속 탐색해 나갔다. 1km쯤 떨어진 초원에서 누 떼가 달리는 게 보였다. 흥분한 나는 〈저기 와일드 비스트(누)!〉 하고 소리쳤다. 이어 내 옆에 있던 마이클이 〈뒤에 사자가 따라간다!〉라고 소리쳤다. 자세히 보니 멀리 풀밭을 달리는 사자가 풀에 가려 얼핏 보였다 안 보였다 했다. 사자는 누 사냥의 실패를 감지했는지 이내 포기하고 멈춰 섰다. 누 떼는 저 멀리 달아나 버렸다.

우리는 사파리 차량을 사라진 사자 쪽으로 천천히 몰고 갔다. 사자는 보이지 않고 표범의 상반신이 보였다. 큰 머리로 봐서 틀림없는 표범이라고 가이드가 말했다. 바로 그때 누 떼 사냥에 실패하고 풀숲으로 사라졌던 사자가 우리 쪽으로 다가왔다. 풀 위로 고개를 들어 저 멀리를 응시하면서 천천히 도로 쪽으로

걸어 나왔다. 바로 우리 앞에서 완전히 모습을 드러냈을 때 본 사자의 표정에선 시퍼런 칼날에서 뿜어져 나오는 듯한 섬뜩함이 느껴졌다. 뭔가 섬뜩하고 결연한 공포감에 압도당할 정도였다.

다시 반대쪽 풀밭에서 한 무리의 누 떼가 다가왔다. 아까부터 사자가 노리고 있던 그 사냥감이었다. 사자와 누 떼는 서로 마주 보고 천천히 다가갔다. 우리는 그 장면을 숨죽이고 바라보았다. 하지만 이번에도 누가 걸어가는 방향을 틀면서 사자는 사냥에 실패하고 말았다. 누가 이상한 낌새를 느낀 것 같았다. 누 떼도 사자의 존재를 아는데 정확한 위치를 모르는 모양이었다. 계속 뒤를 돌아보고 경계하면서 종종걸음으로 걸어갔다. 사자는 풀밭보다 높이가 낮은 사파리용 도로에 몸을 숨기고서 낮은 자세로 누 떼와 속도를 맞춰 나갔다. 잔뜩 긴장한 모습에선 서슬 같은 공포가 느껴졌다. 그 광경을 지켜보는 게 더 숨이 막힐 지경이었다.

우리는 약 70m 정도 거리를 두고 사자 뒤를 따라갔다. 그러기를 십 분쯤 지났을까. 누가 꺾어진 도로 쪽에서 사자 앞에 다가선 순간 사자는 기회를 놓치지 않고 날렵하게 누를 덮쳤다. 누는 금방 쓰러지고 우리는 부리나케 차를 몰고 그

현장으로 가까이 갔다. 사자는 누의 마지막 발버둥이 사라지자 사냥감을 풀밭으로 물고 들어갔다. 풀숲으로 사냥감을 물고 들어가 일어나지 않는다. 사자와 우리와의 거리는 불과 7m 정도였는데 사자의 모습은 풀에 가려 보이지 않고 죽은 누만 보였다. 사자가 누의 피를 마시는 중이라고 가이드가 설명해 준다. 이십 분 후 사자는 일어나서 주위를 한참 동안 살피면서 다른 포식자가 없나 경계를 한 후, 서서히 누를 먹기 시작했다. 우리는 그 모습을 삼십 분 정도 더 지켜본 후에 그곳을 떠났다.

점심을 먹고 다시 사파리에 나섰다. 만나기가 쉽지 않다는 사자 무리를 운이 좋게도 여러 번 만났다. 『동물의 왕국』에서 주로 맹수들의 이야기를 봐서, 사실 포유동물에만 관심이 있었다. 하지만 세렝게티에는 포유동물보다 훨씬 더 다양하고 많은 종류의 조류들이 있다. 턱 밑에 빨간 주머니를 달고 왕관 같은 벼슬이 있는 새, 연분홍 군락으로 강가를 뒤덮은 플라밍고, 형형색색의 아름다운 새들이 장관을 이루었다. 크고 화려한 색을 가진 새들이 떼 지어 모여 있는 것을 보니 꽃보다 아름답다는 생각이 든다. 독일 여행자들은 새에 대해 많이 알고 있었다. 새에 대해 공부해 오지 않은 게 조금 후회되었다.

길 바로 옆에 많은 몽구스가 있어 차를 세웠다. 조그만 몽구스 무리가 사람처럼 서서 주위를 경계하는 모습이 재미있었다. 조금 기어가다가 일어서서 경계하고 또 조금 달려가다가 다시 서서 주위를 살폈다. 먹이를 찾는 녀석들보다 보초 서는 놈이 많은 것 같았다. 그런데 바로 그때 언제 어디서 왔는지 우리들 앞

에 독수리가 날아와 몽구스 새끼 한 마리를 채가는 것이 아닌가! 정말 순식간에 일어난 일이었다. 그렇게 열심히 경계를 서던 수많은 몽구스들은 도대체 무얼 한 것인지. 독수리가 새끼 한 마리를 채가고 나서야 몽구스 무리는 난리 법석이었다.

사람과 야생동물이 공존하는 응고롱고로

응고롱고로 화산 중턱의 캠프장에 도착했다. 해발이 높아 초원과는 날씨와 주위 풍광이 전혀 달랐다. 마치 스위스의 푸른 언덕배기 큰 목장 같다. 산중턱에 있는 캠프장에서는 아래 응고롱고로 분지가 넓게 보이고 분지 한 편에 있는 소금 호수에는 플라밍고 무리가 연분홍빛으로 아득히 보였다.

넓은 세렝게티 평원의 남쪽 끝에 위치한 응고롱고로는 화산으로 솟은 산들에 둘러싸인 분지다. 이 분지 안에는 많은 동물이 정착해서 살아가고 있다. 그래서 이곳은 세렝게티와 함께 세계 최고의 야생동물을 탐험할 수 있는 지역이다. 몇

년 전까지는 야생동물만 살았지만 지금은 응고롱고로 분지에서 마사이족이 목
축을 하면서 살고 있다. 사람과 동물이 함께 어우러져 살아가는 연습을 하고 있
다고 한다.

　응고롱고로 자연보호구역 분지의 사파리 초원에 도착하자마자 치타를 만났
다. 아침 사냥거리를 찾는지 고개를 들어 저 넓은 초원 곳곳을 살피고 있다. 감
탄이 나올 만큼 멋진 모습이다. 치타는 깔끔하고 날렵하다. 덩치가 큰 사자에
비해서 앙증맞고 귀엽기까지 하다. 얼룩말 한 무리가 치타 옆을 지나쳐 간다.
흘낏거리면서도 치타 옆을 태연히 지나가는 것을 보니 얼룩말은 치타의 사냥감이 아닌 모양이었다.

마갈티 호수의 명물, 플라밍고 무리의 대장관을 보기 위해 호숫가로 갔다. 마갈티 호수는 소금 호수라고도 불린다. 아마도 물이 짠 모양이다. 수많은 플라밍고 무리가 호수 한쪽 모퉁이를 온통 연분홍색으로 바꾸어 놓았다. 수많은 플라밍고들이 쉴 새 없이 호수에서 뭔가를 주워 먹고 있다. 저 많은 새들을 먹여 살리는 호수도 참 대단하다는 생각이 들었다.

작고 노란 꽃송이가 뒤덮고 있어 응고롱고로 공원은 노란색 물감을 통째로 뒤집어쓴 듯하다. 그 노란색 꽃 천지에 누 떼와 버펄로 떼가 무리 지어 풀을 뜯고 있다. 검은색 야생동물이 노란색 꽃에 대비되어 한 폭의 그림 같다. 버펄로 뿔은 신께 두 손을 벌려 경배하듯 좌우가 바깥쪽으로 펼쳐져 있고 마디가 검은색으로 반들거렸다. 뿔 있는 짐승 가운데 가장 아름다운 뿔을 가진 동물 같았다. 우람한 체구와 거친 표정은 아프리카에서도 가장 야성적이고 남성적인 멋을 풍긴다. 나는 버펄로의 표정에 반했다. 어떻게 보면 가장 사납고 위험해 보이지만 먼 곳을 멀뚱히 쳐다보고 있을 땐 가장 착해 보인다.

끝없이 넓은 평원에서 철저히 약육강식의 법칙에 따라 살아가는 동물들을 가까이에서 보고 관찰하고 즐길 수 있다는 것은 아프리카가 아니면 세계 그 어느 곳에서도 맛볼 수 없는 매력이다.

8
South Africa
Namibia
Botswana
Zimbabwe
Zambia
Malawi
Tanzania
Kenya
1
2
3
4
5
6
7
8

KENYA

이제는 여행 상품이 되어버린 마사이족 마을, 유럽축구와 서구 패션을 즐기는
젊은이들. 이방인들의 발길이 잦을수록, 이곳 케냐의 변화 속도는 빨라질 것이
다. 하지만 쉽게 모습을 보여주지 않는 킬리만자로의 신성함이 영원할 것처럼
그들의 느릿한 걸음걸이와 그들만의 삶의 속도는 변하지 않을 것이다.
희망의 방향으로 나아가는 꿈의 대륙, 아프리카.
여행을 마칠 즈음, 나는 이곳 케냐에서 담대한 희망을 되뇌이고 있었다.

케냐

도도한 킬리만자로

케냐의 국경도시 나망가로 향했다. 국경에서 비자를 받고 케냐에 입국해 우리는 먼저 숙소로 발걸음을 옮겼다. 숙소인 올 투카이 로지는 암보셀리 국립공원의 거의 중앙에 위치한 전원주택식 숙소로 여러 개의 동을 숲 여기저기에 배치해 멋스러웠다. 중앙 건물에는 리셉션과 바 그리고 식당이 있는데, 바는 굵은 나무 기둥에 아프리카식 띠 지붕으로 만든 건물로 중앙에는 코끼리 상아 모양의 큰 샹들리에가 있고 그 아래 둥근 바텐더 테이블이 있었다. 혼자 바에 앉아 맥주를 마시는데, 내 뒤로 흑인이 기타를 들고 자리를 잡더니 노래를 부르기 시작한다. 이곳 아프리카에 와서 많이 듣던 아프리카인들의 노래 〈잠보, 하쿠나 마타타〉다. 이어 〈킬리만자로 마운틴〉 등 몇 곡을 들려준다. 실력 있는 기타 솜씨에 흑인 특유의 음색이 어우러져 멋진 감상에 젖게 한다. 바에 손님은 나 혼자였다. 그는 나를 위해 공연을 한 셈이다. 초원을 넘어오는 시원한 바람이 불어온다.

탄자니아의 국립공원에 비해 아주 작고 아담해 보이는 암보셀리 국립공원은 케냐에서 킬리만자로 산을 가장 잘 볼 수 있는 곳이다. 저 멀리 킬리만자로 산이 우뚝 버티고 서 있다. 하지만 정작 킬리만자로 산은 안개에 가려 그 당당한 모습을 쉽게 드러내지 않았다.

오후 사파리 중에도 나의 시선은 계속 킬리만자로 산에 가 있었다. 가이드는 나름대로 동물들을 많이 보여 주려고 노력했지만 탄자니아의 세렝게티와 응고롱고로에서 훨씬 큰 무리의 동물과 다양한 동물을 경험한 나로서는 별반 흥미롭지 않았다. 코끼리를 제외한 다른 동물 무리도 잘 보이지 않았다. 대신 아담한 들판과 그 들판 끝자락으로 넘어가는 석양을 즐기면서 킬리만자로에 구름이 걷히기를 기대했다.

다음 날 새벽에 사파리 드라이브에 나섰다. 많은 무리의 누 떼가 보였다. 사냥에 실패한 느려터진 하이에나 한 무리를 뒤좇아서 한동안 누 떼를 따라다녔다. 한번은 하이에나 다섯 마리가 야생 멧돼지 수놈을 에워쌌다. 하이에나의 헌팅을 보게 되나 했는데 멧돼지를 에워싸기만 할 뿐 공격하지 못한다. 오히려 화난 멧돼지가 달려드니 도망치기 바빴다. 어떻게 보면 멧돼지 한 마리가 하이에

나 다섯 마리를 사냥하는 것 같았다. 하이에나가 아주 가까이 다가올 때까지 도망가지 않는 얼룩말들도 보았다. 하이에나의 공격은 언제든지 피할 수 있다는 자신감이 있는 모양이었다. 병든 사냥감이 아니고서는 하이에나는 배를 채우기 힘들 것 같았다.

흑인들의 도시 그리고 프리미어리그

내가 머물렀던 힐튼 호텔은 케냐의 수도인 나이로비에서도 번화가 중심에 자리 잡고 있다. 나이로비는 아프리카에 대한 일반적인 상상과는 거리가 먼 상당히 발전된 도시다. 하지만 남아프리카 공화국의 백인들이 형성한 도시와는 또 다른 느낌이 있다.

나이로비는 흑인들이 형성한 도시 중 가장 번화한 모습이었다. 물론 도시를 벗어나면 또 다르겠지만 이곳만큼은 현대적인 도시의 모습을 모두 갖추고 있는 것 같았다. 하지만 도로에는 신호등이 없는 교차로가 많았다. 하지만 마구 뒤엉킨 것 같은데도 신기하게 차들은 적당히 잘 빠져나가고 사람들도 잘 건너다닌다. 그들에겐 이방인들의 눈에 보이지 않는 그들만의 규칙이 있는 것 같았다. 지나가는 사람들의 모습도 여느 도시인과 다를 바 없다. 그들은 대부분 정장차림이고, 여자들은 높은 하이힐을 신고 당찬 모습으로 걸어간다. 이제 그들에게도 청바지는 더 이상 구호품이 아니라 패션이 된 것이다.

아프리카에서도 유럽 프로 축구는 엄청난 인기를 끌고 있다. 레스토랑에는 축구 경기를 관람할 수 있다는 안내문이 붙어 있다. 마침 맨유와 첼시의 결승전이 있는 날이었다. 경기 십 분 전에 레스토랑에 자리를 잡고 앉아 결승전을 관람했다. 레스토랑에 있는 사람들과 함께 흥분해 가며 박진감 있는 경기를 보았다. 연장전과 페널티킥 승부차기까지 이어진 박빙의 경기였다. 박지성이 출장하지 않아 아쉬웠다. 대한민국 선수라며 그곳 레스토랑에 있던 유일한 한국인인 내가 어깨를 우쭐하며 자랑할 수 있었는데 말이다.

아름다운 사람들, 꿈의 대륙 아프리카

마사이 마을을 방문했다. 마사이 마을은 잘 짜인 각본대로 손님을 맞이하는 것 같다. 마사이의 원시성과 야성적인 용맹성을 느끼기엔 뭔가 부족하다. 그러나 그들의 전통 생활방식을 모두 잘 보여 주었다. 손님이 마을로 오면 먼저 마사이 남자들이 마을 입구로 나와 마사이 춤을 보여 준다. 이어 여자들이 나와 같이 노래를 부른다. 남자들은 체크무늬나 민무늬의 커다란 천으로 몸을 둘렀고 모두 지팡이처럼 보이는 막대를 들고 있었다. 여자들은 화려한 오색의 귀걸이와 목걸이를 치렁치렁 장식하고 남자들처럼 천을 둘렀다. 귀에 바늘로 구멍을 뚫어 귀걸이를 건 게 아니라 귓밥 부근이 귀에

서 떨어져 나온 고리로 보일 만큼 큰 구멍이 뚫려 있었다. 그 구멍에 장식이 많은 귀걸이를 여러 개 걸었는데 늘어져 끊어질 것만 같았다.

마사이족은 모두 키가 크고 날씬하면서 얼굴이 잘생겼다. 마을로 손님을 들이기 전에 우선 손님을 땅에 앉히고 안전한 여행을 비는 주술을 외운다. 그런 다음에 마을 안으로 손님을 안내했다. 마을은 네 가족으로 구성되어 있다. 하지만 네 명의 아버지가 많은 아내를 거느린 탓에 네 가족으로 된 마을 인구가 220여 명이나 된다고 한다. 마을 내에서는 서로 결혼할 수 없다. 능력되는 대로 이웃 마을에서 아내를 구해야 한다.

집은 나뭇가지와 풀을 엮어 벽을 만들고, 지붕에다 소똥을 발라서 흙집같이 보인다. 그런 집이 아내 숫자대로 큰 원을 그리며 지어져 있다. 집으로 둘러싸인 중앙광장은 밤에 소들을 가두는 곳이라고 한다. 밤새 마을 중앙에 소와 염소를 가두어 맹수로부터 보호하고 새벽이면 사방으로 소몰이를 해가는 것이다.

머리를 거의 직각으로 수그려서 집 안으로 들어가 보았다. 화덕이 있고 그 위

198

에 큰 냄비 하나가 있다. 작고 낮은 집 안에 연기 배출구를 작게 만들어서 집 안이 후끈하다. 아주 작은 공간이지만 부부 방과 아이들 방이 나누어져 있었다. 캄캄하고 답답하지만 밤에 추위를 피하기엔 안성맞춤인 구조 같다. 집 앞에 있는 아이의 얼굴엔 수십 마리의 파리가 붙어 있었다. 마을 중앙광장이 소똥으로 가득하니 당연히 파리가 많을 수밖에 없다.

마을 밖에는 지하수를 끌어올리는 펌프가 설치되어 있는데 한국에서 해준 거라고 한다. 지금은 주위의 49개 마을이 함께 이 펌프를 이용하고 있으며, 다른 마을에도 펌프시설을 하기 위한 돈을 모금 중이라 했다.

학교는 마을 밖에 세워져 있었다. 건물을 작은 공간 두 개로 나누어 놓았는데 유치원생 아이들이 많았다. 스무 살 정도 되어 보이는 마을 청년이 선생이다. 수학, 영어, 스와힐리어, 그림 등을 가르친다고 했다. 아이들도 노래 하나만은 아주 잘 부른다. 선생님이 선창만 하면 모든 꼬마 아이들이 아주 큰 소리로 자연스럽게 합창을 한다.

어느 곳이든 아이들은 희망이다. 나는 이 아이들을 보면서 아프리카의 미래를 상상한다. 꿈을 꾸는 대륙, 이곳 아프리카. 내 인생 최고의 여행이었던 아프리카에서 다시 품은 나의 꿈도 이 아이들처럼 아름답게 영글어 갈 것이다.

아프리카 대륙의 남쪽으로 뾰족하게 나온 끝 지점 케이프타운에서 시작한 여행은 대서양에 위치한 나미비아를 지나 아프리카 대륙을 가로질러 이어졌다. 지도를 꺼내 놓고 내가 트럭을 타고 온 여정을 그려 보니 짧지 않은 길이다.

아프리카! 아프리카는 여유로운 중년의 신사와 같은 미소로 내 여정을 함께 해주었다. 완만한 곡선으로 이루어진 지평선, 사막, 그리고 초원지대의 황토가 마치 내 오랜 고향처럼 나를 따스하게 안아 주었다. 아프리카는 내게 더 이상 신비로운 대상이 아니다. 내 일상처럼 친근한 대상이다.

이곳은 분명 꿈의 대륙이다. 인류의 역사상, 만약에 지상낙원이 존재했다면 혹은 에덴동산이 있었다면 그것은 분명 이곳 아프리카에 존재했을 것이다. 인간 공동체의 삶, 너와 나를 구분하지 않고 함께 살아갈 수 있는 낙원이 있다면 그것은 바로 아프리카 땅이 아닐까 하는 생각이 들었다. 흑인들의 본능적인 춤동작과 게으르고 낙천적인 모습, 계획적이지 않은 삶, 미래를 내다보지 않고 지금의 생활에 자족하는 삶, 야생동물들과 공존의 원시성이 그런 생각을 하게 하는지도 모르겠다. 왜 아프리카를 꿈꾸는 대륙이라고 부르는지 조금은 알 것 같다. 모든 사물을 느낌으로 알고 본능으로 살아가는 대륙, 아프리카.

내 꿈을 이루러 떠난 여행에서 나는 얼마나 자유로워졌을까. 전보다 즐겁게 나의 일상을 꾸려 나갈 수 있다는 생각, 무엇이든지 부담 없이 대할 수 있다는 생각이 든다.

꿈을 꾸었고, 꿈을 이루러 떠났고, 그리고 소박하게나마 꿈을 이루었다. 무엇을 더 욕심내겠는가. 아프리카를 여행하는 동안 많이 들었던 말 중 하나는 아무 근심걱정하지 말아라, 모든 일은 다 잘될 것이라는 〈하쿠나 마타타〉였다. 그렇다. 그것이면 족하다.

하쿠나 마타타!

아프리카
아프리카

초판1쇄 발행 2008년 12월 5일

글·사진 박춘하
발행인 백영곤

책임편집 정재은 편집 김연희 마케팅 이현정 관리 강미연
디자인 이지현 인쇄 대일문화사

발행처 도서출판 장서가(주)
출판등록 2007년 10월 29일 제 313-2007-000211호
주소 서울시 마포구 서교동 395-180 서주빌딩 301호
연락처 (T) 02-334-9681 (F) 02-334-9682
홈페이지 www.jangseoga.com

정가 11,000원
ISBN 978-89-93210-18-7 13930